Basiswissen
Politik / Geschichte / Ökonomie

Klaus Müller

Das Geld

PapyRossa Verlag

Luxemburger Str. 202, D-50937 Köln

Tel.: +49 (0) 221 – 44 85 45
Fax: +49 (0) 221 – 44 43 05
E-Mail: mail@papyrossa.de
Internet: www.papyrossa.de

Druck: Interpress

Die Deutsche Bibliothek verzeichnet diese Publikation in der Deutschen Nationalbibliografie; detaillierte bibliografische Daten sind im Internet über http://dnb.d-nb.de abrufbar

ISBN 978-3-89438-784-6

Inhalt

Womit beginnen?

Mit dem Wissen über das Geld geht es dem Menschen wie mit einem Stück Seife. Man denkt, es zu besitzen, und schon flutscht es einem aus der Hand. Glaubt man endlich begriffen zu haben, was Geld ist, tauchen neue Einwände auf. Eine verwirrende, eine vertrackte Sache. (Zeise 2011) Muss man nicht die Ursachen und Bedingungen kennen, die das Geld hervorgebracht haben, um zu erkennen, was es ist? Wie soll man wissen, was Geld ist, solange man nicht weiß, wie und warum es entstanden ist? Aber um zu verstehen, wie Geld entstanden ist, muss man zumindest ahnen, wonach man sucht. Mit anderen Worten: Man muss bereits einen Begriff vom Geld haben. Wonach sonst suchen in der Historie? Auf den ersten Blick scheint des Rätsels Lösung schwer und leicht zugleich zu sein. Schließlich weiß jeder, dass man dem Verkäufer Geld geben muss, um von ihm die gewünschte Ware zu bekommen. Und dass man für Geld alles kriegt, vorausgesetzt, man hat genügend davon. Also braucht man scheinbar nur danach zu fragen, womit die Käufer in der Geschichte erstmals ihre Einkäufe bezahlt haben. Und warum? Die Meinungen gehen weit auseinander. Von den Ökonomen und »Geldexperten« versteht jeder etwas anderes unter Geld. Wie kann das sein? Der kleinste gemeinsame Nenner ist zunächst das Offensichtliche: Die Leute bezahlen mit Geld die gekauften Waren und Leistungen. Was man wahrnimmt, muss wahr sein. Doch ist das Wahrgenommene schon alles? Darf man dabei stehen bleiben? *Warum* kann man mit Geld Waren kaufen? Gibt es nicht auch verdeckte Zusammenhänge? Ist nicht auch Unsichtbares wahr?

Gold und Silber sind aus einer Vielzahl von Geldvorläufern als erstes Geld hervorgegangen. Aber sie waren es nicht von Natur aus. Erst vor etwa 5000 Jahren hatten sie die außergewöhnliche Position in der Warenwelt erobert. Marx hat die Gründe genannt. (MEGA II 2: 213ff; MEW 42: 99) Und da Gold- und Silbermünzen längst aus dem Verkehr gedrängt wurden, keiner mehr mit ihnen zahlt, sind sie kein Geld mehr, schlussfolgern die meisten Ökonomen. Denn Geld könne nur Geld sein, wenn es sich im Umlauf befindet, sagen sie. Die »Demonetisierung« des Goldes, worunter die meisten den Rückzug des Goldes als Tauschmittel aus der Zirkulation meinen, hat begonnen just an dem Tag, an dem das Gold als Geld in die Zirkulation eingetreten war. Dass schlechtes Geld – minderwertige Münzen, Forderungen, Anweisungen auf richtiges, werthaltiges Geld – das gute Geld aus der Zirkulation in den Schatz treibt, dieser später als »Greshamsches Gesetz«[1] bezeichnete Zusammenhang, hat von Anfang an gegolten. Gold hatte sich schützend zurückgezogen, ohne aufgehört zu haben, Geld zu sein.[2] In den Tresoren der DDR-Staatsbank lagerte kaum Gold, ergo war für dessen Präsidenten Gold kein Geld. Dabei soll Devisenhändler Schalck-Golodkowski 1988 für 500 Millionen DM noch 21,7 Tonnen Gold eingekauft haben, um die DDR vor der sich anbahnenden weltweiten Wirtschaftskrise zu schützen. Die Finanzexperten der DDR mussten offenbar mindestens eine dumpfe Ahnung über die währungspolitische Bedeutung des gelben Edelmetalls besessen haben, auch wenn sie sich für theoretische Fragen kaum interessierten.

Auf der gleichen Ebene liegt, wenn auch völlig anders geartet, die Schumpetersche[3] und heute von vielen Ökonomen kolportierte Auffassung, Geld sei Nichts, aus Nichts geschöpft.

---

1 Thomas Gresham (1519-1579), Finanzberater der englischen Regierung

2 »Gold wird Geld im Unterschied von Münze, erst indem es sich als Schatz aus der Zirkulation zurückzieht« (MEW 13: 125); »Münzreserve und Schatz waren nur Geld als Nichtzirkulationsmittel« (MEW 13: 115)

3 Joseph Schumpeter (1883-1850), österreichischer Nationalökonom

Banken erzeugten es, indem sie Kredite vergeben über die Einlagen hinaus, durch einen Federstrich des Bankdirektors oder durch einige Mausklicks seiner Mitarbeiter. Jeder könne doch sehen: Geld kommt aus dem Nichts. Ist ergo Nichts. Basta! Derartige Auffassungen benötigen keine Geldtheorie. Ihre Anhänger halten für richtig, was sie sehen und für falsch, was sie nicht sehen. Die Hegelsche/Marxsche Erkenntnis, dass die Erscheinungen das Wesen verzerrt widerspiegeln und verhüllen können, ist ihnen fremd. Sie knüpfen an realen, oft einseitigen Erscheinungen an, ihre Ansichten erzielen dadurch Resonanz, sind für viele plausibel. Doch dass sie auch Theoretiker beeindrucken, die wissen müssten, dass hinter dem Schein oft mehr steckt, ist kurios und manchmal peinlich. Kein Geld entsteht voraussetzungslos aus dem Nichts (vgl. zur Begründung Müller 2019: 252-259), so wenig, wie eine Wolke aus dem Nichts entstehen kann. Das Gegenteil zu behaupten, sei pure Ignoranz. (Quaas 2018: 251f)

Immerhin gibt es unterschiedliche Aspekte und Nuancierungen. In Abhängigkeit davon, was man gerade hervorheben möchte oder worauf man den Schwerpunkt legt, gelangt man zu speziellen Definitionen. So gibt es über die Entstehung des Geldes mindestens so viele Erzählungen wie es Geldbegriffe gibt. Sie heben jeweils einzelne Merkmale hervor, sind daher selten komplett falsch, aber ebenso selten erfassen sie das Wesentliche und das Komplexe ganz. Manchmal führen sie auf Abwege. Nutzt man unterschiedliche Geldbegriffe, redet man aneinander vorbei. Oft merkt man das nicht einmal, merkt nur, dass es misslingt, die Standpunkte einander anzunähern. Von allen Auffassungen am geläufigsten: Geld ist ein technisches Hilfs- und Schmiermittel, um den Warentausch zu erleichtern. Generationen von Ökonomen haben in aristotelischer Tradition so argumentiert.[4]

---

4 Marx am Anfang auch. Im Jahre 1844 lobt er James Mill für dessen Aussage, dass Geld den Tausch vermittele. »Sehr gut und das Wesen der Sache in einen Begriff gebracht, ist es, wenn Mill das Geld als den Vermittler des Austausches bezeichnet.« (MEW 40: 445)

Für manche ein »pfiffig ausgedachtes Auskunftsmittel« – Marx widersprach entschieden (MEW 13: 36) –, eine anonyme Bestätigung für eine erbrachte oder zu erbringende Leistung, bloßes Mittel zum Erwerb von Gegenleistungen, ein übertragbarer Anspruch auf Teile des Sozialprodukts, abstrakte Rechnungseinheit, inhalts-, körper- und wertlos, für andere ein Mittel der Kommunikation, ein zur Natur des Menschen Gehöriges, eine Art Sprache,[5] in der sich Menschen über Werte und Wertrelationen verständigten, und mystisch: ein Symbol und eine Mischung aus Glauben und Vertrauen.

Zweifellos ist Geld auch Tauschmittel und dabei muss der Empfänger sicher sein, es verwenden zu können. Sonst würde er es nicht als Bezahlung für seine Leistung akzeptieren. Ein richtiges und doch oberflächliches Verständnis. Alles, womit man zahlt, ist Geld? Jede Ware, mit der eine andere getauscht wird, Geld? Jede Ware also zugleich Geld? Kommt es nur auf den Standpunkt an? »Wenn ein Nomade seine sieben Töchter gegen je 15 Ochsen hergab, dann waren die Töchter für ihn das Geld, mit dem er seine Herden vergrößerte, während die Schwiegersöhne die Ochsen als Geld benutzten, um sich Frauen zu kaufen.« (Leverkus 1990: 31) Ein kunterbuntes Durcheinander, eine endlose Reihe der gewöhnlichen und ungewöhnlichen Gegenstände, dass alles müsste Geld sein, kapriziert man sich auf die Tauschmittelfunktion und geht in der Geschichte weit genug zurück. Samuelson und Nordhaus zählen zum Warengeld alles Mögliche: »Vieh, Tabak, Olivenöl, Bier oder Wein, Kupfer, Eisen, Gold, Silber, Ringe, Diamanten und Zigaretten.« (Samuelson, Nordhaus 1985: 420) Auch Leder, Felle, Pelze, Perlenschnüre, Muscheln, Steine, Schnaps, Salz, Zucker und vieles mehr sind regional-historische Beispiele des umfangreichen »Warengeldes«, dessen Arten nach Marx jedoch kein Geld, sondern nur dessen unmittelbare Vorläufer gewesen sind.

5 Marx: Geld ist keine Sprache, Grundrisse, MEW 42: 96

Hinzu kommen Banknoten, Wechsel, Buchgeld, Papiergeld, elektronisches Geld, quasi die »Nachfolger« des ursprünglichen Geldes.

Und im 21. Jahrhundert: Sind Kryptowährungen die neuesten Erscheinungen des digitalen Geldes? Endet die Frage nach dem Geld mit der Aufzählung von derart Heterogenem, deutet das darauf hin, dass die Suche nach dem Wesen des Geldes aufgegeben, vermieden, für unbedeutend angesehen wird oder vergeblich war. Man begnügt sich mit den vielfältigen Formen, in denen Geld auftreten kann. Lässt man neben ökonomischen außerdem auch philosophische, anthropologische, psychologische, ethisch-moralische, religiöse, kulturelle und andere Sichten auf das Geld zu, wird die Lage noch unübersichtlicher. Ulrich Busch hat in einer Literaturrecherche einhundertelf(!) Gelddefinitionen gefunden. (Busch 2020: 39ff) Setzte man die Suche fort, fände man weitere. Auch wenn sich davon einige überschneiden und andere sehr oberflächlich sind, zeigt die hohe Zahl, dass es offenbar schwerfällt, sich zu einigen, was Geld ist, vor allem, wenn man der Meinung ist, Geld sei trotz seiner bedeutenden Rolle in der Wirtschaft keine ausschließlich ökonomische Kategorie. Richtig ist, dass man das Geld nicht nur ökonomisch sehen kann, doch der Ökonom *muss* es ökonomisch sehen. So wie der Botaniker die Pflanzen als Biologe sehen muss, obwohl sie selbstverständlich sowohl den Gesetzen der Physik und Chemie unterliegen als auch in Folklore und Kunst auftauchen. In diesem Buch dreht sich alles um die Frage, wie man das Geld *ökonomisch*, also als eine zentrale Kategorie der Wirtschaftswissenschaften, verstehen muss. Das ist die Einschränkung. Sie ist sinnvoll.

Marxistische Ökonomen sind Arbeitswerttheoretiker. Und für Arbeitswerttheoretiker ist Geld untrennbar, d.h. logisch und historisch mit dem Wert verbunden. Aber wie? Schon hier herrscht Streit. Geht der Wert dem Geld voraus, wie die Vertreter des »Traditionsmarxismus« in Anlehnung an Marx sagen, oder ist das Geld das Ursprüngliche und der Wert von ihm abgeleitet (»monetäre« Werttheorie). Im ersten Abschnitt des ersten Bandes des »Kapital« hat Marx die logisch-historische Verknüpfung zwischen Waren und Geld stringent dargestellt.[6] Der einflussreiche »Marxist« Louis Althusser rät von der Lektüre der drei schlimmen, schwierigen und unnötigen ersten drei Kapitel ab und empfiehlt, gleich mit dem vierten über die Verwandlung von Geld in Kapital zu beginnen. (Althusser 2015: 663)[7] Was für ein Trugschluss! Es ist der Beginn, alles Historische aus dem Kapital zu verbannen, die Ausführungen auf Statisch-Logisches zu reduzieren, das seine eigenen genetischen Wurzeln ausblendet. Marx gab zu, dass »das Verständnis des ersten Kapitels, namentlich des Abschnitts, der die Analyse der Ware enthält … die meiste Schwierigkeit machen (wird)«. (MEW 23: 11) Daher habe er die Analyse der Wertsubstanz und der Wertgröße, soweit das möglich war, »popularisiert.« (ebd.) Einige haben ihm daraufhin vorgeworfen, er habe seine Darstellungen verflacht, ihnen den wissenschaftlichen Gehalt genommen. »Popularisieren« heißt jedoch nicht, einer Theorie das Wissenschaftliche auszutreiben, sondern sie der Allgemeinheit verständlicher, plausibler mitzuteilen. Wer der marxistischen Politischen Ökonomie ihr Fundament – die Arbeitswerttheorie – raubt, bringt sie zum Einsturz. Wo kein Fundament, da kein Bau, der auf ihm errichtet werden kann.

---

6 Der Abschnitt besteht aus drei Kapiteln. Im ersten (S. 49-98) beschäftigt sich Marx mit der Ware, ihrem Doppelcharakter, den Wertformen und dem Fetischcharakter der Ware. Im zweiten (S. 99-108) behandelt er den Austauschprozess und im dritten Kapitel (S. 109-160) erläutert er unter der Überschrift »Das Geld und die Warenzirkulation« die Geldfunktionen und das Geldumlaufgesetz.

7 Der Philosoph Thomas Metscher bezeichnet den Althusserianismus als »Marxismus ohne Aufklärung … ein theoretischer Verrat mit großer internationaler Verbreitung.« (junge Welt, 12./13. Juni 2021, Beilage »Faulheit & Arbeit«, S. 7) Vgl. auch Werner Seppmann, Das Elend der Philosophie. Über Louis Althusser, Kassel 2019.

Für Ökonomen, die die Arbeitswerttheorie für falsch halten und ablehnen, kann das Geld nichts zu tun haben mit dem Wert, weil er für sie nicht existiert. Das ist der Standpunkt des geldtheoretischen Mainstreams, der an den Unis und in den Medien den Ton angibt. Bis heute muss sich die politische Ökonomie »– sei es die Neoklassik oder eine an Keynes orientierte Theorie – den Vorwurf machen lassen, dass sie zwar viel über Geld redet, aber keinen Begriff von Geld hat.« (Hecker, Stützle 2017: 14) Versuche, die Wikipedia-Einträge »Geldgeschichte« und »Geldtheorie« anzureichern durch Marxsche oder marxistische Theorien wurden unterbunden. So weit geht die »Freiheit« der Wissenschaft« nicht. Es kann nicht sein, was nicht sein darf! Die Unterdrückung alternativer Sichtweisen ist typisch für eine Kultur, die sich ideologiefrei und überparteilich etikettiert, die sich preist, undogmatisch zu sein, während sie doch nichts anderes gelten lässt als sich selbst.

Wer Geld nicht in Verbindung bringt mit Waren, Tausch und Wert, muss zwangsläufig einen eigenen, anderen Begriff von ihm haben. Dann erscheint Geld schon mal als eine Opfergabe, als ein Element sakraler Rituale (Laum 1924) oder als ein Status- und Geltungssymbol, mit dem man die eigene Abgehobenheit gegenüber anderen demonstrieren kann. Nach Gerloff sei das »Hort- oder Prunkgeld« das erste Geld überhaupt gewesen. »Sozialpsychologische« Macken des Menschen hätten der Entstehung des Geldes zugrunde gelegen. Genauer: Die Eitelkeit des Menschen habe es hervorgebracht. (Gerloff 1940: 19f, 24ff)[8] Damit wird frank und frei erklärt, Geld sei ursprünglich keine ökonomische Kategorie gewesen, seine Entstehung habe mit Wirtschaft, Arbeitsteilung und Tausch nicht das Geringste zu tun. Klar, dass ein solches Verständnis vom Geld nicht hilft, seine Rolle und Funktionen innerhalb der Warenproduktion zu erhellen.

8 Marx bezeichnet in den Grundrissen das Geld als materiellen Repräsentanten des Reichtums. (MEW 42: 133, 145, 148ff)

Was das Geld mit dem Wert zu tun hat

Wert – logischer und historischer Ausgangspunkt des Geldes

Geld ist Element der Warenproduktion, existiert nur dort, wo Produkte als Waren produziert werden. Eine Ware ist ein Arbeitsprodukt, das ein Bedürfnis befriedigt, aber nicht das des Produzenten. Nicht für den Eigenverbrauch bestimmt, wird es anderen durch Tausch übertragen. Arbeitsprodukte sind nicht von Natur aus Waren. Sie werden es, wenn die gesellschaftliche Gütererzeugung durch private, ökonomisch selbstständige Produzenten arbeitsteilig erfolgt. Die Menschen der Urgesellschaft verbrauchten die Arbeitsprodukte selbst. Die Produkte wurden nicht verkauft und gekauft, waren also keine Waren. Es bedurfte keines Geldes, um die Güter unter die Angehörigen der Gemeinschaft zu verteilen.

Jede Ware ist ein doppeltes Ding: Zum einen ist sie ein nützlicher Gegenstand, indem sie Bedürfnisse befriedigt. Ihre Nützlichkeit macht sie zum *Gebrauchswert.* Der Gebrauchswert der Ware ist ein *gesellschaftlicher* Gebrauchswert (MEW 23: 55), weil er für andere als den Produzenten existiert und von der Gesellschaft für die persönliche oder produktive Konsumtion gebraucht wird. Während eine Ware keine Ware sein kann, ohne zugleich Gebrauchswert zu sein, sind Gebrauchswerte nicht an das Warendasein gebunden. Produkte für den Eigenbedarf und frei verfügbare Naturstoffe wie die Luft sind Gebrauchswerte, aber keine Waren. Gebrauchswerte, ob Waren oder nicht, bilden den stofflichen Inhalt des Reichtums einer Volkswirtschaft. Zum anderen muss die Ware einen *Tauschwert* haben, d. h. sie muss tauschfähig sein mit anderen Gütern. »Der Tauschwert erscheint zunächst als das quantitative Verhältnis, die Proportion, worin sich Gebrauchswerte einer Art gegen Gebrauchswerte anderer Art austauschen.« (MEW 23: 50) Aristoteles (384-322 v. u. Z.) war der erste Denker, der diesen Unterschied zwischen Gebrauchswert und Tauschwert hervorhob: »Denn zweifach ist der Gebrauch jedes Guts. Der eine ist dem Ding als solchem eigen, der andere nicht, wie einer Sandale, zur Beschuhung zu dienen und austauschbar zu sein. Beides sind Gebrauchswerte der Sandale, denn auch wer die Sandale mit dem ihm Mangelnden z. B. Nahrung tauscht, benutzt die Sandale als Sandale. Aber nicht in ihrer natürlichen Gebrauchsweise.« (MEW 23: 100) Warum tauschen sich Güter in bestimmten Proportionen? Weshalb bekommen Tauschende für ihr Gut manchmal viele, manchmal wenige andere Güter? Warum verändern sich die Tauschverhältnisse ständig? Es entsteht der Eindruck, als sei der Tauschwert etwas Zufälliges, Willkürliches, das nicht rational erklärt werden könnte. Dabei hängen von ihm Wohl und Wehe der Tauschenden ab. Es ist naheliegend anzunehmen, dass ein Mengenverhältnis zwischen zwei Waren darauf hindeutet, dass die beiden Waren etwas Gemeinsames besitzen müssen, an dem sie sich messen. »Der Tauschwert kann überhaupt nur die Ausdrucksweise, die ›Erscheinungsform‹ eines von ihm unterscheidbaren Gehalts sein.« (MEW 23: 51) Was ist das Gemeinsame, das die unterschiedlichen Gebrauchswerte besitzen? Wird von den unterschiedlichen zweckdienlichen Eigenschaften der Waren abgesehen, wird das ihnen Gemeinsame sichtbar. Die Dinge stellen dann nur noch dar, dass zu ihrer Produktion »gleiche menschliche Arbeit, abstrakt menschliche Arbeit« verausgabt wurde. »Als Kristalle dieser ihnen gemeinschaftlichen gesellschaftlichen Substanz sind sie Werte – Warenwerte.« (MEW 23: 52) Der Tauschwert ist die Form, in der der *Wert* der Ware erscheint, der nicht unmittelbar erscheinen kann als abstrakte Arbeit. Und wie wird die Größe des Warenwerts gemessen? Die Wertgröße ist die Menge an abstrakter, gesellschaftlich notwendiger *einfacher* Arbeit, wobei komplizierte Arbeit als multiplizierte einfache Arbeit gilt. Die Reduktion der komplizierten Arbeiten auf einfache Arbeit erfolgt spontan auf dem Markt. Die Wertgröße wird gemessen an der Arbeitszeit, die für die Herstellung der Ware gesellschaftlich notwendig ist. Die den Wert bildende Arbeit heißt abstrakte Arbeit, weil von den konkreten Inhalten der Arbeit – Tischler-, Maler-, Bäckerarbeit usw. – abstrahiert wird. Die konkrete Arbeit schafft den Gebrauchswert: der Tischler baut Schränke, der Maler streicht Wände, der Bäcker backt Brot usw. Alles sinnenklar. Aber auch die abstrakte Arbeit ist nichts Mystisches. Sie besteht aus dem realen und messbaren Aufwand im physiologischen Sinne – der Verausgabung von Muskel-, Hirn- und Nervenkräften. Manche sagen, man könne nur die konkrete Arbeit messen. Aber wer drei Stunden gebaut, gemalt und gebacken hat, und die Zeit war jeweils gesellschaftlich notwendig, der hat auch drei Stunden abstrakte Arbeit geleistet. (Vgl. ausführlicher Müller 2019: 200-207) Allerdings reicht es nicht, die abstrakte Arbeit nur im physiologischen Sinn zu deuten. Ihr gesellschaftlicher und historischer Charakter ginge so verloren. Im Unterschied zur konkreten Arbeit, die zu allen Zeiten geleistet wird, ist die abstrakte Arbeit eine gesellschaftliche, eine historische Erscheinung, die nur der Warenproduktion eigen ist. Die Verausgabung menschlicher Arbeitskraft im allgemeinen, physiologischen Sinne wird nur in der Warenproduktion zur abstrakten Arbeit, wo sie zur Bewertung der Produkte nötig ist, die sich als Waren tauschen. (Vgl. Müller 2019: 194-199)

Die gesellschaftlich notwendige Arbeitszeit ist nicht die des individuellen Produzenten, sondern jene, die für die Herstellung der Ware unter den jeweiligen gesellschaftlich normalen Produktionsbedingungen, d. h. bei durchschnittlichen Arbeitserfahrungen und Fertigkeiten sowie durchschnittlicher Intensität der Arbeit erforderlich ist. Eine Axt tauscht sich zum Beispiel mit 20 kg Getreide, weil für ihre Produktion genauso viel gesellschaftlich notwendige Arbeitszeit aufgewendet werden muss wie für die Produktion von 20 kg Getreide. Die gesellschaftlich normalen Produktionsbedingungen sind jene, unter denen die Hauptmasse der jeweiligen Warenart erzeugt wird. »Nach Einführung des Dampfwebstuhls in England z. B. genügte vielleicht halb so viel Arbeit als vorher, um ein gegebenes Quantum Garn in Gewebe zu verwandeln«, schreibt Marx. »Der englische Handweber brauchte zu dieser Verwandlung in der Tat nach wie vor dieselbe Arbeitszeit, aber das Produkt seiner individuellen Arbeitsstunde stellte jetzt nur noch eine halbe gesellschaftliche Arbeitsstunde dar und fiel daher auf die Hälfte seines früheren Werts.« (MEW 23: 53)

Der Wert hat also vier Dimensionen. Die erste: Er ist ein Produktionsverhältnis, ein Verhältnis der Warenproduzenten, das unter dinglichen Hüllen verborgen ist. Menschen gehen objektiv Beziehungen untereinander ein, indem sie füreinander produzieren. Würde der Wert im Tausch gebildet, wäre er kein Produktions-, sondern ein Tauschverhältnis. Er ist aber ein Verhältnis, dass die privaten Produzenten in der Produktion eingehen, ein Produktionsverhältnis, das an der Oberfläche der Märkte als ein Verhältnis von Sachen erscheint. »Im Prinzip gibt es keinen Austausch von Produkten, sondern einen Austausch von Arbeiten, die zur Produktion zusammenwirken.« (MEW 4: 104) Und: »Indem sie ihre verschiedenartigen Produkte einander im Austausch als Werte gleichsetzen, setzen sie ihre verschiednen Arbeiten einander als menschliche Arbeit gleich. Sie wissen es nicht, aber sie tun es.« (MEW 23: 88) Die zweite Dimension ist die Wertsubstanz. Die Substanz ist die abstrakte Arbeit, die in Arbeitszeit gemessen wird. Die dritte Dimension ist die Wertgröße. Sie ist die Arbeitszeit, die gesellschaftlich nötig ist, um eine Ware herzustellen. Sie gibt an, welchen Teil der gesellschaftlichen Gesamtarbeit der einzelne Produzent für die Herstellung seiner Ware aufwenden darf. Der Wert ist das in der Ware realisierte Quantum Arbeitszeit, »nicht Arbeitszeit als Arbeitszeit, sondern materialisierte Arbeitszeit; Arbeitszeit nicht in der Form der Bewegung, sondern der Ruhe; nicht des Prozesses, sondern des Resultats.« (MEW 42: 75, 79) In Arbeitszeit bestimmbar, ist die Wertgröße nichts Mystisches oder Gespenstisches, drückt aber zugleich das Gesellschaftliche aus. Der Wert der Ware kann nicht direkt als Arbeitszeit erscheinen, sondern muss sich eine Form geben, um sichtbar zu werden. Diese Form ist der Tauschwert – das ist die vierte Dimension –, der auf einer bestimmten Stufe der gesellschaftlichen Entwicklung in Geld übergeht. Das Geld, genauer die Geldform des Werts, ist das ungewollte Resultat über Jahrtausende hinweg bewusst vorgenommener Tauschhandlungen. »Der Geldkristall ist ein notwendiges Produkt des Austauschprozesses, worin verschiedenartige Arbeitsprodukte einander tatsächlich gleichgesetzt und daher tatsächlich in Waren verwandelt werden. Die historische Ausweitung und Vertiefung des Austausches entwickelt den in der Warennatur schlummernden Gegensatz von Gebrauchswert und Wert. Das Bedürfnis, diesen Gegenstand für den Verkehr darzustellen, treibt zu einer selbständigen Form des Warenwerts und ruht und rastet nicht, bis sie endgültig erzielt ist durch die Verdopplung der Ware in Ware und Geld. In demselben Maße daher, worin sich die Verwandlung der Arbeitsprodukte in Waren, vollzieht sich die Verwandlung von Ware in Geld.« (MEW 23: 101f) An anderer Stelle sagt Marx: »Die allmähliche Erweiterung des Tauschhandels, Vermehrung der Austausche und Vervielfältigung der in den Tauschhandel kommenden Waren, entwickelt daher die Ware als Tauschwert, drängt zur Geldbildung«. (MEW 13: 36) Das Geld ist die Ware, die den Wert aller Waren ausgedrückt, ist Äquivalentware. (MEW 23: 79) Der in Geld ausgedrückte Wert der Ware ist ihr Preis. Der

Wert tritt in Form einer bestimmten Menge der Geldware neben die »gewöhnliche« Ware. (MEW 42: 63) »Dass der verselbständigte Wert im Geld selbst wieder nur einen relativen Ausdruck besitzt, weil das Geld selbst Ware ist ... ändert nichts an der Sache.« (MEW 26.3: 129) Das ist der logisch-genetische Zusammenhang zwischen dem Wert der Ware und dem Geld. Klar ist, dass der Wert logisch und historisch dem Geld vorausgeht. »Geld ist kein Ding, sondern eine bestimmte Form des Werts, unterstellt also wieder den Wert.« (MEW 25: 870) Da das Geld dazu dient, den Wert auszudrücken, ihm eine Form zu geben, muss der Wert da sein, bevor es das Geld ist. Die Arbeitswerttheorie ist der logisch-genetische Schlüssel zum Verständnis des Geldes, seines Wesens. Marx enthüllt in seiner Wertformanalyse den Zusammenhang zwischen Wert und Geld. Er leistete, »was von der bürgerlichen Ökonomie nicht einmal versucht ward, nämlich die Genesis dieser Geldform nachzuweisen, also die Entwicklung des im Wertverhältnis der Waren enthaltenen Wertausdrucks von seiner einfachsten unscheinbarsten Gestalt bis zur blendenden Geldform zu verfolgen. Damit verschwindet zugleich das Geldrätsel.« (MEW 23: 62)

Antiökonomie

Von den nichtökonomischen Versuchen, das Geld zu erklären, sind die philosophischen am bedeutendsten. Den konträren Geldauffassungen von Georg Simmel[9] und John M. Keynes[10] zum Beispiel ist gemeinsam, dass sie die Wurzeln wirtschaftlichen Tuns generell, für Geld und Geldwirtschaft im Besonderen, in den Urgründen menschlicher Psyche zu finden suchen, ohne so weit zu gehen, die Existenz eigenständiger ökonomischer Gesetze abzulehnen. Niemand bestreitet, auch wenn er

9 Georg Simmel (1858-1918), deutscher Philosoph und Soziologe

10 John M. Keynes (1883-1946), bedeutender britischer Ökonom, Politiker und Mathematiker

berechtigterweise Interessengegensätzen zwischen Menschen und Menschengruppen Vorrang gewährt bei der Erklärung ihres Tuns, dass psychologische Faktoren dabei eine Rolle spielen, gewiss keine geringe. Mitte der 1980er Jahre sprachen DDR-Wissenschaftler von der biopsychosozialen Einheit des Menschen.[11] Insofern ist Simmels Satz, keine Zeile seiner Untersuchungen sei »nationalökonomisch gemeint« (Simmel 1900/2009: 15), kein Grund, irritiert zu sein, zumal es Simmels Absicht ist, »dem historischen Materialismus ein Stockwerk unterzubauen, derart, dass der Einbeziehung des wirtschaftlichen Lebens in die Ursachen der geistigen Kultur ihr Erklärungswert gewahrt wird, aber eben jene wirtschaftlichen Formen selbst als das Ergebnis tieferer Wertungen und Strömungen, psychologischer, ja, metaphysischer Voraussetzungen erkannt werden.« (ebd.: 17) Dem kann man bis zu einem gewissen Grad zustimmen, ohne die Bedeutung eigenständiger ökonomischer Gesetze im Geringsten zu mindern oder gar aufzugeben, weil am Anfang und am Ende der Mensch steht. Auch Keynes hatte seinem makroökonomischen Kreislaufmodell einen Unterbau aus psychologischen Bausteinen errichtet. Der sinkende Hang zum Verbrauch, mangelndes Vertrauen in die Profitabilität der Investitionen – »sinkende Grenzleistungsfähigkeit des Kapitals« sagt Keynes dazu – und die Vorliebe der Menschen aus Vorsorge und Vorsicht, Geld in flüssiger Form zu halten – Liquiditätspräferenz nennt Keynes den Hang zum Sparen –, seien der Grund für eine gemessen am Angebot zu geringe wirksame Investitions- und Konsumgüternachfrage. Letztlich also seien Krisen und Stagnation Ausdruck eines spezifischen psychologisch determinierten Verhaltens, das für den Menschen typisch sei. (vgl. Müller 2021: 77-83) Hier wird Subjektiv-Psychologisches im Vergleich zum Ökonomischen überbewertet. Was – das Geld betreffend – im Wechselverhältnis zwischen Ökonomik und

11 Deutsche Zeitschrift für Philosophie, Hefte 2 und 3, 1985

Psychologie generell und historisch-konkret im jeweiligen Zusammenhang dominiert, wäre zu ermitteln. »Das Verhalten der Menschen zu Geld und Geldeswert, der Umgang mit eigenem und fremdem Geld, das Vertrauen in Kaufkraft und Stabilität der Währung und die Schwellen seiner Gefährdung gehorchen psychologischen, nicht den sogenannten ökonomischen Gesetzmäßigkeiten, die nur äußerliche Erscheinungsformen vieler Zusammenhänge erkennen lassen, welche letztlich im Seelischen wurzeln.« (Schmölders 1982: 16) Die Aussage ist im ersten Teil einseitig, im zweiten falsch. Ökonomische Gesetzmäßigkeiten lassen erstens nicht äußerliche Erscheinungsformen erkennen, sondern liegen diesen oft unerkannt zugrunde, es sei denn, die Erscheinungsformen werden bereits als Gesetzmäßigkeiten missverstanden. Zweitens wurzeln sie nicht im Seelischen, sondern in der Physis produzierender Ordnungen. Das Verhalten der Menschen zum Geld mag dagegen zu einem beträchtlichen Teil tatsächlich psychologisch bestimmt sein. Letztlich aber sind auch dafür aus ökonomischen Gesetzen resultierende Handlungszwänge entscheidend, denen sich der Phlegmatiker möglicherweise etwas länger als der Sanguiniker zu entziehen vermag. Selbst wenn das eine oder andere Detail nicht in Abrede gestellt werden kann, läuft der Versuch, die Entstehung des Geldes als einen Vorgang zu sehen, der seinen Ausgangspunkt in der Psyche – »möglicherweise schon des Affenmenschen« (Schmölders 1982: 20) – nimmt und dort verwurzelt ist, auf eine Fehlindikation hinaus. An solchen mangelt es wahrlich nicht.

Während Marx das Geld als Kategorie sieht, die außerhalb der Warenproduktion nicht sinnvoll erklärt werden kann und es aus ökonomischen Zwängen logisch und historisch ableitet, erscheint es in psychologischen Theorien als die Folge unhistorischer, allgemeinster Persönlichkeitsmerkmale des Menschen. Dann lässt sich leicht behaupten, der Tausch hätte das fertige Geld bereits als seine Voraussetzung vorgefunden. Autoren der

»Neuen Marx-Lektüre« wissen sogar, dass selbst Marx bei der Darstellung des Tauschwerts das Geld in Wahrheit vorausgesetzt, davon aber aus populistischen Gründen abstrahiert habe (Bruschi et al. 2012: 28) – eine haltlose Unterstellung. Wäre sie richtig, wozu hat sich dann Marx so viel Mühe gegeben, darzustellen, wie sich die Geldform des Werts in einem historischen Prozess durchsetzt? (MEW 23: 62-85) Werden dabei Marx nicht Auffassungen unterschoben, die allein dazu dienen, die eigene Fehlinterpretation zu rechtfertigen? Der logisch-historische Zusammenhang zwischen Wert und Geld wird so auf den Kopf gestellt. Die Behauptung, Geld und Geldgebrauch wären älter als die warenproduzierende Gesellschaft – eine Meinung, die unter Ökonomen durchaus verbreitet ist –, beruht auf der Tatsache, dass Gegenstände existierten und innerhalb der Gemeinschaft eine besondere Rolle spielen konnten, bevor sie Geldfunktionen wahrnahmen und Geld wurden. Von Anfang an war es des Menschen Wille, sich abzuheben von seinesgleichen. Ursprünglicher und letzter Zweck des Geldes sei es, sozialen Status anzuzeigen, so die *conclusio praecox* vieler, die es um jeden Preis älter als die Ware machen wollen. Das älteste Geld sei – so Wilhelm Gerloff[12] – seinem Wesen nach Hort- und Prunkgeld gewesen. (Gerloff 1940: 24ff, 152f) Es wurde zurückgehalten, diente nicht dazu, den Tausch zu vermitteln. Es ging darum, sich mit ihm hervorzuheben, das Ansehen zu mehren, Geltung, Rang und Macht zu demonstrieren. Die Verwendung des Hortgelds »beschränkt sich auf Fälle, wo Vermögen sichtbar gemacht wird, sei es zur Repräsentation, d. h. zur Schaustellung, sei es zu Übertragungen bei besonderen Anlässen, wie Frauenerwerb, Kauf der Bundesgenossenschaft, Entrichtung von Kriegstributen und Bußzahlungen, Erlangung von Titeln und Würden.« (ebd.: 35) Der Reichtum an Gütern, Schmuck, Tieren und Frauen wurde bei feierlichen Anlässen hervorgeholt, ausgestellt und verteilt,

12 Wilhelm Gerloff (1880-1954), deutscher Ökonom

so bei Geburten, Eheschließungen, Tanzfesten, Totenbestattungen, Ahnenfeiern, Ernten, Gastmahlen usw. (ebd.: 152) Häuptlinge waren die Wohlhabendsten und hatten Leistungen für das Gemeinwesen zu erbringen. Wer am meisten besaß, musste der Gemeinschaft am meisten geben. Soziales Prestige und eine hohe soziale Stellung gründeten sich auf materiellen Reichtum. (Radandt u.a. 1981: 284) Oft wurde Vermögen angeberisch vernichtet wie der wenig genutzte Viehbestand madegassischer Häuptlinge bei deren Begräbnis oder, am bekanntesten, im Potlatch gewisser nördlicher Indianerstämme, wo die Zerstörung als Ausdruck von Macht und Selbsterhöhung galt. Der Ursprung des Geldes – die Eigenliebe des Menschen? Unterschiedlichste Gegenstände befriedigten dieses Urbedürfnis des Menschen in unterschiedlichen Zeiten und Ländern. Eines der wichtigsten Mittel, die Eigenliebe zu bedienen, ist Schmuck, und aus den dafür geeigneten Metallen wurde später der Rohstoff des am längsten und am meisten verbreiteten Geldes, des Goldes, in gewisser Weise auch des Silbers. Gehortet wurden in frühesten Zeiten: Matten, Mühlsteine, Porzellanschüsseln, Messer, Trommeln, Kupferplatten, Glocken, Wolldecken, Gewänder und Stoffe. Wer diese Wertgegenstände besaß, konnte andere beeindrucken, sich distanzieren von Schwächeren und sich lösen von sozial Abgehängten. Er konnte, auch durch »Geschenke«, Sexualpartner und Verbündete gewinnen. »Hortgeld« diente nicht allein dem Prestige, befriedigte nicht nur den Trieb nach Stärke, Anerkennung und gehobenem Status. Dahinter steckten handfeste Interessen. Denn schon die Alten wussten, dass Geschenke die Freundschaft erhalten. Sie spielen ihre Rolle im Mechanismus der »bedingten Kooperativität«. Der Kampf um Rang, Geltung und Verbündete ist so alt wie die Menschheit. Nur, wenn man die Instrumente in diesem Ringen Geld nennt, wäre Geld ebenso alt. Das erste Geld wäre Hort- und Prunkgeld gewesen, entsprungen dem menschlichen Bedürfnis, den sozialen Status zu betonen, Reichtum zur Schau zu stellen, die persönliche Einzigartigkeit zu dokumentieren, Partner zu gewinnen und Macht zu demonstrieren. Dieser Aspekt besitzt für den Warentausch und den Konsum – Stichwort »demonstrativer Konsum« – eine gewisse Bedeutung. Aber dem Ego zu dienen, Reichtum zu zeigen, ist nicht die Aufgabe des Geldes, die primäre gewiss nicht, allenfalls eine Nebenwirkung, die für das Funktionieren und Begreifen der Warenproduktion von untergeordneter Bedeutung ist.

Bernhard Laum[13] sagt, das Geld, auch das Münzgeld, sei sakralen Ursprungs. (Laum 1924) Es verdanke sein Dasein dem religiösen Opfer. In einem »religiösen Handel« trotzten die Menschen den Göttern Wohlergehen und Gesundheit ab. Tarife bildeten sich für göttliche Gegenleistungen. Wertbegriff und Wertskalen entstünden. Allmählich übernimmt dann der Staat die Funktion der Gottheit. Staatsbeamte treten die Nachfolge der Priester an. Die Vorstellung greift um sich, dass man statt Gott dem Staat ein Opfer schulde. So wurden vor 5 000 Jahren den verstorbenen Fürsten nicht nur kostbare Gegenstände aus Gold und Edelsteinen in das Grab gelegt. Auch Menschen wurden geopfert. Wenn in Ur – einer der ältesten sumerischen Städte in Südmesopotamien – ein Herrscher starb, mussten ihm Bedienstete, Soldaten, Führer der Pferdegespanne, Tänzerinnen und Musikanten in das Grab folgen. Bis zu achtzig Menschen wurden einzelnen Fürsten in die Grabkammern mitgegeben. (Donat u. a. 1988: 55f) Die Frage ist, ob diese als Wertgegenstände angesehen wurden und das angenehme Leben der Verstorbenen im Jenseits sichern sollten oder ob nicht das Interesse der Bediensteten am Leben und an der Herrschaft des Fürsten im Diesseits gestärkt werden sollte, wenn sie wussten, dass sie ihn nicht überleben würden. Geld – Objekt religiöser Anbetung? Sakrales Geld: der Schlüssel, das Rätsel Geld zu knacken? Laum bezieht sich auf die Epen Homers. Dort taucht

---

13 Bernhard Laum (1884-1974), deutscher Wirtschaftshistoriker

an vielen Stellen das Rind als Wertmesser auf. Der Wert eines Schiffs oder einer Rüstung wurde in Ochsen gemessen. Das Rind galt als heilig. Der Ochse war das »Maß aller Dinge«. Die Griechen opferten ihn den Göttern, wollten sie deren Beistand. Das Rind als Opfergabe, schön und gut, aber *deshalb* auch Wertmaß und Geld? »Das geopferte Rind war die Währung, mit der man zu Homers Zeiten die Götter bezahlte, um sich ihrer Güte, Gnade und Geneigtheit zu versichern – wobei das Rind … ein Symbol für die Selbsthingabe an Gott im Menschenopfer war.« (Schnaas 2012: 23) Das Rind hatte tatsächlich Geldfunktionen innegehabt. Nach Gustav Cassel, der sich auf Ridgeway bezieht (Ridgeway 1892), war es »Geld« über Jahrtausende hinweg im gesamten mittelländischen Kulturgebiet, vom Atlantischen Ozean bis nach Zentralasien. (Cassel 1923: 343) Georg Quaas, der die Wertausdrücke in Homers Ilias untersucht, sagt, »dass sich das (männliche) Rind als allgemeines Äquivalent bereits herausgebildet hatte, und zwar inmitten eines mannigfachen Warenangebotes.« (Quaas 2016: 319) Der Ochse oder Farre war weniger Tauschmittel, sondern Wertmaß: »Das Geld, früher als Maß erscheinend (wofür z. B. bei Homer Ochsen), denn als Tauschmittel, weil im Tauschhandel jede Ware selbst noch ihr Tauschmittel ist. Sie kann aber nicht ihr Maß oder eigner Vergleichungsstandard sein.« (MEW 42: 105, 123) Sprachgeschichtlich beinahe nachweisbar: pekuniär (geldlich, finanziell) kommt von pecus, lat. das Vieh. Doch das Rind deshalb Geld – genauer ein Geldvorläufer (vgl. Krüger, Müller 2020: 58-60) –, weil es als Opfer diente oder weil es Eigenschaften besaß, die historisch-konkret für die Wahrnehmung der Äquivalenzfunktion geeignet gewesen waren? Vieles, so vor allem die Bedeutung für das Leben der Menschen, die damit verbundene Wertschätzung und Tauschbarkeit, spricht für den zweiten Grund. Es gäbe weitere Beispiele für die etymologische Verwandtschaft zwischen religiösen und ökonomischen Begriffen: So seien die Wörter »Gläubiger« und »Schuldner« der

Religion entlehnt. Sie werden bei der Kreditvergabe verwendet und beschrieben die Beziehung zwischen Gott und denen, die an ihn glauben. Aus dem Begriff »Erlösung« sei entstanden »Erlös«, aus »Lobpreisung« der »Preis« und aus credo (lat. credere – Glauben) der »Kredit«. Der Begriff »Messe« meine sowohl die religiöse Messe als auch die Industriemesse. Geld werde geboren im religiösen Opferkult; als Löse-Geld entstamme es nicht dem profanen Tauschgeschehen. »Überall scheint sich Geld aus dem Gegenstand entwickelt zu haben, den man als Geschenk an die Götter am geeignetsten fand.« (Graeber 2012: 66) In dieses Urteil schließt Laum außer diversen Opfergaben und den prämonetären Geldvorläufern das Münzgeld ein. In den Münzen erstrahle der heilige Geist. »Da dem Geld nicht anzusehn, was in es verwandelt ist, verwandelt sich alles, Ware oder nicht in Geld«, schreibt Marx. »Die Zirkulation wird die große gesellschaftliche Retorte, worin alles hineinfliegt, um als Geldkristall wieder herauszukommen. Dieser Alchimie widerstehn nicht einmal Heiligenknochen und noch viel weniger minder grobe res sacrosanctae, extra commercium homini (geheiligte Dinge, außerhalb des Handelns der Menschen).« (MEW 23: 145f) Christina von Braun will in architektonischen Ähnlichkeiten zwischen Tempeln, Börsen und Banken einen Beweis für die sakrale Herkunft des Geldes erkannt haben. »Die Börsen werden gebaut wie griechische Tempel, auch die Banken. Die Bank of England ist ein einziger Tempel.«[14] Ein ähnlicher Hinweis findet sich bei Marx: »Man weiß, welche Rolle der Raub der delphischen Tempelschätze durch die Phokäer in der griechischen Geschichte spielt. Dem Gott der Waren dienten bei den Alten bekanntlich die Tempel zum Wohnsitz. Sie waren ›heilige Banken‹. Den Phöniziern, einem Handelsvolke par excellence, galt Geld als die entäußerte Gestalt der Dinge. Es war daher in

14 Vgl. »Der Preis des Geldes. Anmerkungen zu seiner Kulturgeschichte«, die tageszeitung, 27.6.2011, taz.de

Ordnung, dass die Jungfrauen, die sich an den Festen der Liebesgöttin den Fremden hingaben, das zum Lohn empfangene Geldstück der Göttin opferten.« (MEW 23: 146) »Der Staatsschatz als Reservefonds und der Tempel sind die ursprünglichen Banken, worin dies Allerheiligste konserviert wird.« (MEW 42: 157) Gestalt und Normen der Metallmünzen sind dem Aufbau der griechischen Götter- und Geisteswelt nachgebildet. Auf den Barren und frühen Münzen sind Zeichen abgebildet. Sie symbolisieren Opfertiere und Opfergeräte. Häufig zu sehen ist der Stier. Noch heute enthalten Währungen, wie der Dollar, Pfund, Euro oder Yen zwei Striche. Sie erinnerten an die Hörner des Stieres, andere sagen, sie stünden für die Stabilität der Währung. Auch der Löwe von Milet und die Eule von Athen, Bilder auf alten griechischen Münzen, waren Embleme des Gottes der jeweiligen Stadt. (Graeber 2012: 260) Eulen galten als Symbol der Athene, der Schutzgöttin der Stadt. Das beweist, dass begehrte Dinge sowohl Geldvorläufer als auch Opfer sein konnten. Es beweist nicht, dass sie Geld wurden, weil sie vorher als Opfer gedient hatten.

Opferrituale sind älter als der Tausch. Identifiziert man Geld mit Opfer, dann ist das »Geld« älter als der Tausch und Warenproduktion. Wer denkt, es sei zweckmäßig und helfe der Lösung irgendeines Problems, kann das Lamm, das Steinzeitmenschen den Göttern opferten, Geld nennen. Die politökonomische Brisanz ist gering. Denn klar ist, dass so keine ökonomische Definition des »Geldes« gelingen kann. Es geht um die angemessene Begriffswahl, um die »Kunst«, mit Begriffen zu operieren, die nicht nur falsch und richtig sein können, sondern zunächst zweckmäßig oder nicht. (Vgl. dazu Müller 2019: 135-144) Hätten die Leute Geld hingegeben, indem sie Lamm oder Rind opferten, dann müssten die Opfertiere gemäß des ökonomischen Wesensverständnisses bereits allgemeines Äquivalent gewesen sein. Doch wo es keine Ware gibt, weil Produkte (noch) nicht produziert wurden, um sie zu tauschen, sondern selbst zu verbrauchen, gibt es keinen Wert. Und wo kein Wert ist, bedarf es keines Äquivalents. Mit dem Geld der Warenproduktion hat das »heilige«, das »Opfergeld« nichts zu tun. Die religiöse Verklärung des Geldes hilft nicht zu verstehen, wie die Warenproduktion funktioniert. Auch dann nicht, wenn man mit etwas Fantasie im Opfern einen Tausch sehen mag: Vieh wird Gott dargebracht in der Hoffnung, der Allmächtige revanchiere sich mit einer reichen Ernte oder schicke demnächst ein Mammut des Wegs. Bringt uns die Gleichsetzung von Geld und Opfer weiter? Nehmen wir für einen Moment an, es könnte so sein. Das Wesen des Geldes – ein Opfer? Wo entsteht in der Produktion, Zirkulation, Distribution und Konsumtion ein Opfer in Form von Geld? Wer bringt da wem ein Opfer, indem er Geld aufbewahrt oder weggibt? Geld ist oberflächlich betrachtet das, womit Waren bezahlt werden. Geld kann hier gerade kein Opfer sein – ein Verzicht –, weil es die Gegenleistung für die gekaufte Ware ist. Und dient Geld der Wertaufbewahrung, wo ist da das Opfer? Der Konsumverzicht könnte gemeint sein. Allgemein: Das Opfer – ein Verzicht auf alternative Verwendungen des Geldes? Rationale Wahlhandlungen könnte man im weitesten Sinne mit Opfern in Verbindung bringen. Aber wenn schon Verzicht, dann sollte man nicht übersehen, dass bei vernünftiger Überlegung stets die zweitbeste der erwogenen Möglichkeiten ausgelassen wird. Wird Geld als Kredit anderen gewährt, dann deshalb, weil es an besseren Alternativen mangelt. Da Sparen nicht per se gleichgesetzt werden kann mit einem »sich etwas am Munde absparen«, was es partiell durchaus sein kann, kann auch die Aufbewahrung des Geldes kein Opfer sein. Die »Opfertheorie« des Geldes hilft dem Ökonomen nicht, die Warenproduktion zu verstehen. Sie ist belanglos, weil sie auf einem außerökonomischen Verständnis vom Geld beruht. Wenn manche die Dinge Geld nennen möchten, mit denen Leute gern protzen oder durch Hingabe Götter und Geschädigte versöhnlich stimmen wollen, so mögen sie es tun. Nur sollten sie wissen, dass das nicht das Geld ist, mit dem in der Warenproduktion Wirtschaftsakteure Wert messen, zahlen und bewahren. So wenig wie die Maus am Computer zu den Exemplaren aus der Gattung der Murinae zählt, die gern am Speck nagt. Woran sich bekanntlich keiner stört.

Wie das Geld entsteht

Geld kommt nicht aus der Retorte, ist keine im Studierstübchen ersonnene Erfindung und keine Anordnung des Staates. Es ist das ungeplante Ergebnis einer langen geschichtlichen Entwicklung menschlichen Handelns. »Das Geld erklärt sich aus der Warenproduktion«, so der renommierte DDR-Ökonom Horst Richter, »es ist eine gesetzmäßig aus der Warenproduktion erwachsene ökonomische Erscheinung.« (Richter, Schließer 1981: 84) Marx weist historisch und logisch nach, wie die Entfaltung der Wertformen in der »blendenden Geldform« (MEW 23: 62) gipfelt. Die geschichtlichen Formen, in denen der Wert erscheint, sind Entwicklungsstufen der Geldwerdung. Es begann mit vereinzelten, zufälligen Tauschakten, dem »Urknall des Geldsystems«. »In der Tat erscheint der Austauschprozess von Waren ursprünglich nicht im Schoß der naturwüchsigen Gemeinwesen, sondern da, wo sie aufhören, an ihren Grenzen, den wenigen Punkten, wo sie in Kontakt mit anderen Gemeinwesen treten. Hier beginnt der Tauschhandel und schlägt von da ins Innere des Gemeinwesens zurück, auf das er zersetzend wirkt … Die allmähliche Erweiterung des Tauschhandels, Vermehrung der Austausche und Vervielfältigung der in den Tauschhandel kommenden Waren, entwickelt daher die Ware als Tauschwert, drängt zur Geldbildung und wirkt damit auflösend auf den unmittelbaren Tauschhandel.« (MEW 13: 36)

Einfache, einzelne oder zufällige Wertform

Die Ursprünge des Geldes verstecken sich in jenen zufälligen, vorsichtigen und manchmal außergewöhnlichen Tauschakten, die tief in die Urgeschichte zurück reichen. »Der Tauschhandel, worin der Überfluss der eignen Produktion zufällig gegen den der fremden ausgetauscht wird, ist nur das erste Vorkommen des Produkts als Tauschwert im allgemeinen und wird bestimmt durch zufällige Bedürfnisse, Gelüste etc.« (MEW 42: 134) Spätestens seit dem Jungpaläolithikum (jüngerer Abschnitt der Altsteinzeit, 40 000 bis 9600 v. u. Z.) dürfte es ihn gegeben haben. Die Archäologin Waltraud Sperlich hält einen steinzeitlichen Handel für möglich: »Zumindest denkbar scheint der Transport von Sushi, stießen doch Forscher in der Aviones-Höhle im Südosten Spaniens auf die Überreste von Muscheln und Meeresschnecken, die da vor etwa 50 000 Jahren ausgepult worden sind. Da sich neben all den Schalen große Packungen von Rotalgen fanden, nehmen die Wissenschaftler an, dass die Algen als Verpackung dienten, um die Meeresfrüchte frisch zu halten.« (Sperlich 2013: 154f) Die ersten Hinweise, dass Menschen Handel untereinander trieben, reichen etwa 50 000 bis 45 000 Jahre zurück, als der Homo sapiens Boote, Öllampen, Pfeil und Bogen und Nadeln herstellte und es ihm gelang, das offene Meer zu überqueren. Der Handel beschränkte sich auf Luxusgüter wie Muscheln, Bernstein, Farbpigmente oder Obsidian. (Harari 2013: 33, 51f, 66) Aus dem Feuerstein schlugen die Steinzeitmenschen feinstes Werkzeug, scharfe Spitzen für Pfeile und Lanzen. Der Obsidian war sehr begehrt. Das vulkanische Gesteinsglas kam nur auf den Inseln im Mittelmeer vor. »Und nach Sizilien oder Milos in der Ägäis überzusetzen war in der vornautischen Zeit eine abenteuerliche Expedition. Für den Obsidian lohnte sich das Risiko, denn das tiefschwarze Gestein lieferte Klingen, die den Ruf hatten, Stein leicht wie Fleisch zu durchschneiden.« (Sperlich 2013: 157f) Die steinzeitlichen Bewohner Indonesiens bauten seetüchtige Boote, fuhren weit aufs offene Meer hinaus, um zu fischen, zu handeln und um Australien zu entdecken. Harari sagt, dass es in den Jahrtausenden nach der Besiedlung Australiens – vermutlich zwischen 60 000 und 32 000 v. u. Z. – eindeutige Hinweise auf einen regen Handel zwischen einigen der den Kontinent umgebenden Inseln gab, zum Beispiel zwischen Neuirland und Neubritannien. (Harari 2013: 86) Die urkommunistischen Eigentümer produzierten für den Eigenbedarf. Auch nachdem sie gelernt hatten, sich wirksamer mit der Natur auseinanderzusetzen, blieben Überschüsse noch lange Zeit zufällig. Aber nur Überschüsse konnte der Stamm anderen anbieten. Der frühe Tausch war fragmentarisch. Er war längst nicht bestimmend für die Art des Zusammenlebens der Menschen, aber er sollte sich als ein bestimmendes Element in der *Entwicklung* der Zivilisation erweisen. Gemeinwesen tauschten vereinzelt, zufällig ihre zeitweiligen Überschüsse zwischen den Stämmen. Solange die Produkte für die Selbstversorgung erzeugt werden, besitzt ihre Herstellung nicht den Charakter der Warenproduktion. Es ist ein Produktenaustausch, meint daher Wolf (Wolf 2009: 31ff), wenn es ungeplant, vereinzelt und zufällig dazu kommen sollte.

Die Form des unmittelbaren Produktenaustausches ist: x Gebrauchsgegenstand A = y Gebrauchsgegenstand B. Aber Marx sieht das anders: »Die Dinge A und B sind hier nicht Waren vor dem Austausch, sondern werden es erst durch denselben.« (MEW 23: 102) Offenbar unterstellt er auch beim unmittelbaren Produktenaustausch, dass schon Waren getauscht werden. »Im unmittelbaren Produktenaustausch ist **jede Ware** (Hervorhebung durch Verf.) unmittelbar Tauschmittel für ihren Besitzer«. (MEW 23: 103) Die beiden Zitate stützen die Auffassung, dass Marx bei der Analyse der einfachen, einzelnen oder zufälligen Wertform den Warentausch meint und keinen Tausch von Produkten, die keine Waren sind. M.a.W.: Jeglicher Tausch macht ein Produkt zur Ware. Richtig ist zwar, dass die Produkte nicht unmittelbar für den Austausch produziert werden. Deshalb hat ihre Herstellung auch noch nicht den Charakter der Warenproduktion. Aber die Arbeitsprodukte wurden vereinzelt und durch zufälligen Austausch in Waren verwandelt. In dieser ersten der vier Wertformen sind die Existenzbedingungen der einfachen Warenproduktion – das Mehrprodukt, die gesellschaftliche Arbeitsteilung und das Privateigentum an den Produktionsmitteln – erst dem Keim nach vorhanden. Dieser historischen Situation – die Auflösung der urgemeinschaftlichen Verhältnisse und der beginnende Übergang zur einfachen Warenproduktion – entspricht der einfachste Wertausdruck der Ware, die einzelne und zufällige Wertform. Erst später wird der Warentausch durch die Waren*produktion* ergänzt, wenn die Techniken der Rohstoffgewinnung und Möglichkeiten der Gütererzeugung einen entsprechenden Stand erreicht haben und ein stabiles Mehrprodukt ermöglichen. Dann stellen die Produzenten von vornherein Waren her, Produkte für den Tausch. Vor allem gute Steinsorten und Erdfarben, Metalle und Schmuckmaterialien wurden von einzelnen Gruppen gefördert, um sie auszutauschen, was Homer beschreibt. Mit der Zeit vertiefte sich die Arbeitsteilung. Der Warenaustausch zwischen individuellen Eigentümern wurde zu einer regelmäßigen Erscheinung. »Er erreichte seit den Frühstufen der bäuerlichen Urgesellschaft, wenn auch in nur bescheidenen Mengen, bereits Kollektive in Entfernungen bis zu mehr als 1 000 km in den Lagerstätten der Rohstoffe.« (Radandt 1981: 276) Geldloser Tausch von Produkten und Waren ist durch die wirtschaftshistorische Forschung belegt. »Bei relativ stabilen Stammessitzen begründeten schon in der Jägergesellschaft die Unterschiede in den natürlichen Produktionsbedingungen und das Nebeneinanderbestehen verschiedener Wirtschaftszweige zwischengesellschaftliche Arbeitsteilungen und feste Austauschbeziehungen, wie z. B. zwischen binnenländischen und küstenbewohnenden Lokalgruppen der Andamanen, zwischen Berg-, Steppen-, Wald- und Küstenbewohnern usw.« (ebd.) »Die eigentliche Form des ägyptischen Handels ist zu allen Zeiten der Tausch gewesen; sie ist sogar noch heute auf dem Lande nicht verschwunden. Auf Darstellungen sieht man, wie ein Fisch gegen einen Kasten, ein Beutel gegen ein Paar Sandalen, ein Kuchen gegen ein Halsband, Gemüse gegen eine Schreibtafel eingetauscht werden«. (Friedell 1998: 190) In der westanatolischen Siedlung Hacilar konnte für die Zeit um 5300 v. u. Z. nachgewiesen werden, dass sich die Töpferwerkstätten aus den Wohnstätten absonderten. Diese Töpfer – und andere »Spezialistenkollektive« – widmeten sich ausschließlich ihrer handwerklichen Tätigkeit. Sie erwarben Nahrungsmittel im Austausch gegen ihre Erzeugnisse. Das sind Keimformen der Warenproduktion, Übergänge vom Produkten- zum Warentausch. (Grünert 1982: 203) Diese Entwicklung vollzieht sich zeitgleich mit dem Erblühen und dem Zerfall der Urgesellschaft und erfasst im Vorderen Orient den Zeitraum 40 000 bis 2500 v. u. Z. In diese Zeit fällt die einfache, einzelne oder zufällige Wertform, die nach und nach abgelöst wurde durch die totale, entfaltete Wertform. In der Jungsteinzeit (Neolithikum), d. h. von 10 000 bis 2000 v. u. Z., entwickelten sich erste Elemente einer Warenproduktion inmitten einer autarken, subsistenzwirtschaftlich organisierten Gemeinschaft, begleitet von der Durchsetzung der allgemeinen Wertform. Die einfache Warenproduktion und erste Kapitalelemente folgten. Ab etwa 2500 v. u. Z. hatte sich die Geldform durchgesetzt. Nach Marx entwickelten die Nomadenvölker »zuerst die Geldform, weil ihr Hab und Gut sich in beweglicher, daher unmittelbar veräußerlicher Form befindet, und weil ihre Lebensweise sie beständig mit fremden Gemeinwesen in Kontakt bringt.« (MEW 23: 103) In Zentraleuropa beginnt die Zersetzung der Urgesellschaft erst um 1900 v. u. Z. (Mottek 1983: 33) Die Existenzbedingungen der einfachen Warenproduktion – das Privateigentum an Produktionsmitteln und die gesellschaftliche Arbeitsteilung – begannen sich in der Urgesellschaft nach und nach herauszubilden. In diese Zeit ihrer Auflösung entfalten sich die Wertformen, die schließlich in die Geldform münden. Wer die Genesis der Geldform verstanden hat, begreift, was Geld seinem Wesen nach ist. An den Grenzen urgemeinschaftlicher Stämme könnte nach einer Anlaufphase so getauscht worden sein:

1 Axt = 20 kg Korn
Allgemein: x Produkte A = y Produkte B

Noch geht es nicht um den Austausch, sondern um eine Voraussetzung für ihn: Um die Wertbestimmung und damit um die Ermittlung der Proportion, in der ausgetauscht werden kann. Der Wertausdruck, die Wertmessung ist eine logische Voraussetzung, um zu tauschen. Sie erfolgt ideell. Der Satz heißt nicht, eine Axt tauscht sich mit 20 kg Korn – obwohl es dazu kommen kann –, sondern eine Axt ist 20 kg Korn wert. Die Axt steht in »relativer Wertform«. Sie will mit Hilfe einer anderen Ware ihren Wert ausdrücken. Korn befindet sich in dieser Gleichung in »Äquivalentform«. Es dient dazu, den Wert der Axt auszudrücken, dient als Wertausdruck, ist Äquivalent. Der Wert der Axt wird relativ in einer konkreten Menge des Gebrauchswertes Korn gemessen. Die Axt – allgemein: das Produkt links vom Gleichheitszeichen – steht in relativer Wertform, weil sie ihren Wert nur relativ, d. h. im Gebrauchswert einer anderen Ware ausdrücken kann. Dieser Gebrauchswert – hier das Korn – dient dazu, den Wert der Axt auszudrücken. Er nimmt auf dieser ersten Stufe der Entstehung des Geldes jenen Platz ein, der später durch das Geld besetzt wird. Das Produkt, das den Wert eines anderen ausdrückt, dient als Tauschwert, als Äquivalent. Seine Naturalform wird zur Wertform des Produkts, dessen Wert ausgedrückt werden soll. Für Verwirrung hat die Tatsache geführt, dass man den Satz auch von rechts nach links lesen kann und glaubt, das Gleiche nur anders zu formulieren, wie bei einer Gleichung. Damit hat die falsche Auffassung zu tun, dass alle Waren zugleich Geld sind, weil auf den Märkten Waren mit Waren getauscht und bezahlt werden. Doch ändern wir die Gleichung – lesen wir sie von der anderen Seite –, ändert sich ihr Sinn. Daran erkennt man, dass es noch nicht um den Tausch, sondern zunächst um den Wertausdruck geht. Ein und dieselbe Ware kann nicht gleichzeitig in beiden Wertformen auftreten. Sie kann sich jeweils nur entweder in relativer Wertform oder in der Äquivalentform befinden. Drehen wir den Satz um und formulieren 20 kg Korn = 1 Axt bzw. 1 kg Korn = 1/20 Axt, dann steht das Korn in relativer Wertform und drückt seinen Wert in Form von Einheiten der Axt aus. Die Axt steht jetzt in Äquivalentform. Die Semantik des Satzes ändert sich. In unserem Beispiel tritt der Axtproduzent als aktiver Teil des Tauschvorgangs auf. Er will ausdrücken, wie viele Einheiten eines anderen Gebrauchswertes sein Produkt wert ist und anschließend den Tausch vollziehen. Ob eine Ware in relativer oder in Äquivalentform auftritt, hängt ab von ihrer Stellung in der Gleichung. Wichtig sind die Eigentümlichkeiten des in Äquivalentform stehenden Produkts. Sie helfen, das Wesen des Geldes zu verstehen. Marx erfasst bei der Analyse der einfachen, einzelnen oder zufälligen Wertform wichtige Wesenszüge des späteren Geldes, des allgemeinen Äquivalents für den Wert der Waren. Der innere Gegensatz einer Ware, Gebrauchswert und zugleich Wert zu sein, tritt als äußerer Gegensatz in Erscheinung: als Gegensatz zwischen dem Gebrauchswert des in relativer Wertform stehenden Produkts und dessen Wert, der in Gestalt des Gebrauchswertes des in Äquivalentform stehenden Produktes auftritt. Die älteste und einfachste Wertform hat es in der Urgesellschaft beiläufig zwischen einzelnen Stämmen gegeben. Von Geld konnte noch keine Rede sein. Aber das in Äquivalentform stehende Produkt besitzt drei »Eigentümlichkeiten« oder Besonderheiten. In ihnen zeigen sich die Wesensmerkmale des späteren Geldes in Keimform.

- Der Gebrauchswert der in Äquivalentform stehenden Ware (Korn) wird zur Form, in der sein Gegenteil, der Wert, die gesellschaftlich notwendige Arbeitszeit zur Herstellung der in relativer Wertform stehenden Ware (Axt), erscheint. Im Wertverhältnis gilt das in Äquivalentform befindliche Produkt als verkörperter Wert, als Wertkörper.

- Die konkrete Arbeit zur Herstellung des in Äquivalentform stehenden Produkts wird zur Erscheinungsform seines Gegenteils, der abstrakten Arbeit des in relativer Wertform stehenden Produkts. Die Arbeit zur Herstellung des in Äquivalentform stehenden Produkts gilt als abstrakte Arbeit.
- Die private Arbeit zur Herstellung des in Äquivalentform befindlichen Produkts wird zur Form, in der die gesellschaftliche Arbeit des in relativer Wertform stehenden Produkts erscheint.

Diese Eigentümlichkeiten begründen das Geheimnis des Geldes. Aristoteles spricht »klar aus, dass die Geldform der Ware nur die weiter entwickelte Gestalt der einfachen Wertform, d. h. des Ausdrucks des Werts einer Ware in irgendeiner beliebigen andren Ware« ist. (MEW 23: 73) Erst wenn alle Produkte (Waren) ihre Werte in einer einzigen Ware ausdrücken, wird diese Ware zum allgemeinen Äquivalent aller anderen Waren und ist unmittelbar und jederzeit mit allen anderen Waren austauschbar. Hier liegt der Ursprung des Rätselhaften der Geldform. Falsch ist es, zu glauben, die in der Äquivalentform stehende Ware sei dies von Natur aus. Die Äquivalentform der Ware ist keine natürliche, sondern eine gesellschaftliche Eigenschaft. Die Ware, die sich in Äquivalentform befindet, gilt unmittelbar als Wert. Der Widerspruch zwischen der relativen Wertform und der Äquivalentform ist der äußere Ausdruck des in der Ware enthaltenen inneren Widerspruchs zwischen Gebrauchswert und Wert. Die historisch älteste Wertform widerspiegelt den noch unentwickelten Stand der Produktivkräfte innerhalb und an den Grenzen der urgemeinschaftlichen Produktionsweise. Arbeitsteilung und Produktivität sind gering ausgeprägt. Das Privateigentum an Produktionsmitteln ist erst im Entstehen begriffen.

Die totale oder entfaltete Wertform

Allmählich entwickelte sich in der Urgesellschaft die Arbeitsteilung. Menschen stellten mehr und neue handwerkliche Erzeugnisse her: Steingeräte, Töpferwaren, Artikel des Spinnens und Webens, Waffen, Holz- und Bodenbaugeräte, Ernte- und Vorratsbehältnisse, stabilere Häuser, Transporteinrichtungen, Kleidung, Schmuck, Kultgerät … (Radandt u. a. 1981: 284) Sie produzierten alte und neue Gegenstände in größeren Mengen. Die Vielfalt der Produktarten nahm zu. Im Schoß urgemeinschaftlicher Verhältnisse entwickelten sich neue Eigentumsformen. Das Mehrprodukt begünstigte die Entstehung des Familien- und persönlichen Eigentums. Es bildete sich zuerst dort, wo die Erzeugung von Produkten Ergebnis individueller Arbeit war. Die Arbeitsprodukte wurden schon nicht mehr ausnahmsweise und zufällig, sondern geplant und gewohnheitsmäßig mit anderen Arbeitsprodukten getauscht. Eine höhere Stufe der Warenproduktion und damit der Wertform war erreicht. Mit der ersten großen gesellschaftlichen Arbeitsteilung, der Aussonderung der Hirtenstämme aus der Masse der übrigen Stämme, mit der weiteren Entwicklung der Produktivkräfte und dem regelmäßigen Überschuss über den eigenen Bedarf hinaus hatten sich die Bedingungen für einen regelmäßigen Austausch ergeben. (Neelsen, Müller-Bülow 1973: 48) Die einfache geht in eine vollständigere Wertform über. Eine Ware konnte nun ihren Wert mit Hilfe vieler anderer Gebrauchswerte ausdrücken.

Beispiel:

1 Axt	= 20 kg Korn
oder	= 3 Flugenten
oder	= 2 kg Tee
oder	= 9 Ellen[15] Leinwand

15 Die Elle – altes, vom Unterarm abgeleitetes Längenmaß. In Deutschland gab es früher 132 verschiedene Ellenmaße, die 1868 durch das Meter abgelöst wurden. Die sächsische Elle betrug z. B. 56,64 cm.

oder	=	5 Ballen Stroh
oder	=	1 g Gold[16]
oder	=	x Ware A
oder	=	usw.

Die relative Wertform der Ware Axt ist *entfaltet.* Der Wert der Axt wird in einer Vielzahl andere Gebrauchswerte ausgedrückt. Jetzt zeigt sich deutlich, dass der Warenwert gleichgültig ist gegen die besondere Form des Gebrauchswerts, in dem er ausgedrückt wird. (MEW 23: 77) In der Häufung der Wertausdrücke zeigt sich der Fortschritt. Der Wert der Ware Axt unterscheidet sich vollständiger von ihrer eigenen Naturalform, aber es gibt noch keinen gemeinsamen Wertausdruck, der für alle Waren gilt. Der Wertausdruck der Ware ist noch unfertig. Seine Darstellung schließt nicht ab. Je größer das Angebot an Waren wurde, umso umständlicher, unangenehmer und hinderlicher musste der Naturaltausch werden. Jede Ware dient nur vorübergehend als Äquivalent. Eine große Zahl von Äquivalentwaren, die sich einander ausschließen, hemmt den Austausch. Der allgemeine Bezugspunkt fehlt. Die totale oder entfaltete Wertform musste früher oder später in Widerspruch geraten zu den Notwendigkeiten des Warentauschs. Das Erfordernis eines allgemeinen Äquivalents wurde dringender.

Die allgemeine Wertform

Die Waren stellen ihre Werte jetzt einfach und einheitlich dar, d.h. nur noch in einer besonderen, in derselben Ware. *Eine* Ware dient als allgemeines Äquivalent, als Äquivalent für den Wert aller anderen Waren. Marx nennt es die allgemeine Wertform.

16 Die internationale Maßeinheit für das Gold ist die Feinunze (troy ounce). Sie entspricht 31,1034768 Gramm.

Beispiel:

20 kg Korn =	
3 Flugenten =	
2 kg Tee =	
9 Ellen Leinwand =	1 Axt
5 Ballen Stroh =	
2 Lendenschürze =	
1 g Gold =	
x Ware A =	
usw.	

Alle Waren drücken ihre Werte nur noch in *einer* besonderen Ware aus, z. B. in einer Axt. Die Werte aller Waren erhalten in einer besonderen Ware, der Äquivalentware, eine selbstständige Existenz. Aus der Umkehrung der totalen oder entfalteten Wertform ist so eine neue Qualität entstanden. In der einfachen und in der totalen, entfalteten Wertform standen sich jeweils nur zwei Waren oder Produkte gegenüber. Nach Marx war es das Privatgeschäft der einzelnen Ware, sich eine Wertform zu geben, um ihren Wert auszudrücken. (MEW 23: 80) Für das Verständnis des Geldes ist wichtig: Die Funktion des allgemeinen Äquivalents kann prinzipiell von jeder beliebigen Ware übernommen werden. Diese eine Ware benutzen jetzt alle Warenproduzenten als Wertausdruck für ihre Waren. Alle Waren erhalten einen einheitlichen, allgemeinen Wertausdruck. Das allgemeine Äquivalent ist gesellschaftlich anerkannt. »Die allgemeine Wertform entsteht ... nur als gemeinsames Werk der Warenwelt. Eine Ware gewinnt nur allgemeinen Wertausdruck, weil gleichzeitig alle andren Waren ihren Wert in demselben Äquivalent ausdrücken, und jede neu auftretende Ware muss das nachmachen.« (MEW 23: 80) Drücken alle Waren ihren Wert in einer aus und spielt diese ausschließlich die Rolle des allgemeinen Äquivalents, kommt es zur Trennung des gesellschaftlichen vom stofflichen Gebrauchswert oder zur Verdopplung der Gebrauchswerte. Neben den stofflichen, natürlichen Gebrauchswert tritt der gesellschaftliche, worin alle Waren ihren Wert ausdrücken. Die allgemeine Äquivalentware ist zur erschöpfenden Erscheinungsform der allgemeinen menschlichen Arbeit geworden. Händler konnten sie mit jeder Ware tauschen, konnten jede Ware mit ihr bezahlen. Alle akzeptierten sie, obwohl ihr natürlicher Gebrauchswert für den Eintauschenden völlig uninteressant sein konnte. Es fällt leicht, sie später und woanders gegen jene Ware zu tauschen, die man will, um konsumtive oder produktive Bedürfnisse zu befriedigen. Auf dieser dritten Stufe der Geldwerdung sticht eine besondere Ware aus der Warenwelt hervor. Darin kommt der fortgeschrittene Stand der gesellschaftlichen Arbeitsteilung zum Ausdruck. Die einfache Warenproduktion hatte sich etabliert.

Die allgemeine Äquivalentware wird nicht ihres natürlichen Gebrauchswertes wegen begehrt. Sie dient ausschließlich dazu, den Wert aller anderen Waren auszudrücken und die begehrten zu erwerben. Prinzipiell könnte jede beliebige Ware in die besondere Rolle schlüpfen. »Die allgemeine Äquivalentform ist eine Form des Wertes überhaupt. Sie kann jeder Ware zukommen.« (MEW 23: 83) Welche Ware allgemeines Äquivalent wird, hängt von den besonderen Bedürfnissen und Lebensumständen des jeweiligen Volkes ab. Die Ware muss so beschaffen sein, dass jeder sie nutzen kann. Sie muss Wert besitzen, also nur durch Arbeit erlangt werden. Die Menschen müssen sie begehren. Nur dann können sie sie als Bezahlung für ihre Waren akzeptieren, auch wenn sie gerade keine Gelegenheit haben, sie konsumtiv oder produktiv zu verwenden. Denn sie können sie jederzeit gegen die Dinge tauschen, die sie brauchen oder haben wollen. »Wenn zwei Tauschpartner die Tauschrelation ihrer beiden Waren nicht mehr jeder für sich in der besonderen Ware des anderen bestimmen ..., sondern wenn jeder der beiden seine Ware auf eine gemeinsame dritte Ware bezieht, zu der beide auf Grund der Häufigkeit, mit der diese getauscht wird, die Tauschrelation zu seiner

Ware bereits im Kopf fixiert hat, können beide durch diesen Bezug die Tauschrelation zueinander bestimmen. In diesem Falle dient diese dritte Ware als gemeinsames Äquivalent … beziehen sich alle Tauschpartner bei ihren Einzeltauschen regelmäßig auf diese Ware, wird diese dritte Ware im Laufe der Zeit durch die Gewohnheit zum Wertspiegel für alle anderen Waren oder zum allgemeinen Äquivalent.« (Wagner, Mondelears 1986: 9)

Die Völker der Urgesellschaft haben viele Formen des allgemeinen Äquivalents und Tauschmittels gekannt. (Vgl. dazu Müller 2015: 144-153) Geeignet waren vor allem Güter, die häufig getauscht wurden und dauerhaft begehrt waren. Das war regional und zeitlich unterschiedlich. Es handelte sich nach Marx um die unmittelbaren Vorläufer des Geldes. Die Wirtschaftshistoriker nennen sie auch Nutz- oder Naturalgeld. Ein Überblick über die allgemeinen Äquivalente, die geldähnlichen Güter:

Güter, die eine längere Zeit Nutzen abwerfen und sich zur Wertaufbewahrung eignen, wie Sklaven, Vieh oder Saatgut;

Werkzeuge und Geräte von einheitlicher Beschaffenheit wie Pfeilspitzen, Angelhaken, Äxte, Sicheln, Nägel, Nadeln;

Spekulative Güter, die einen Wertzuwachs versprechen, wie z. B. Jungvieh;

Schmückende Güter, mit denen man Reichtum zur Schau stellen konnte wie bunte Federn, Kauri-Muscheln, Muschelschalen, Marmorringe, Totenschädel, Wampums, Glasperlen, Hunde- und Eberzähne, Schalen von Straußeneiern, Steine v. a. Edel- und Halbedelsteine usw.;

Rohstoffe, vor allem Metalle in einheitlichen, handlichen Barren oder als Armreifen und abgewogener Goldstaub, auch die Tierfelle des nordamerikanischen Pelzhandels, z. B. Biber- und Elchfelle, Gummi;

Konsumgüter, v. a. Nahrungsmittel wie z. B. Getreidekörner, Tee, Datteln, Nüsse, Kakao- und Kaffeebohnen, Kokosnüsse, Salz, Zucker, Reis, Fische, Tabak, Whiskey, aber auch Kleidungsstücke. (vgl. Leverkus 1990: 30f)

Julius E. Lips[17] erwähnt mehrere aus Schneckenhäusern und Muschelschalen hergestellte »Geldsorten«, wie das fast über die ganze Welt verbreitete Haus der Kaurischnecke, das Tambu- oder Diwarra-Schneckenhausgeld in Melanesien, das »Schweinegeld« – Muschelscheibchen, die mit Glasperlen, Hundezähnen und aus Rotangstreifen zusammengebunden sind und am unteren Ende einen oder mehrere Schweineschwänze tragen –, die Spechtkopfmünze der Hupa-Indianer, Marmorringe (Neue Hebriden), das »Steingeld« der Insel Yap, Schädel, Edelsteine und Perlen, Glasperlen, Hunde-, Känguru- und Delfinzähne, Federn (Santa Cruz), Steinsalz (Äthiopien), Teeziegel (China), Walnüsse (Tibet), Tabak (Lambarene), Opium und Branntwein, Eisen, Kupfer, Bronze, Messing, eiserne Hacken, Speere, Messer, Äxte, Matten, Leder, Felle, Baumwolle oder Leinwand, Gold und Silber. (Lips 1961: 259-289)

Die Geldform

Von der allgemeinen Wertform zur Geldform ist es ein kleiner Schritt. Er besteht darin, dass sich die gesellschaftliche Funktion des allgemeinen Äquivalents dauerhaft mit einer bestimmten Ware, mit Gold (und Silber) verbindet. Die Ware, die durch gesellschaftliche Gewohnheit aus der Warenwelt ausgeschlossen wird, um die Rolle des allgemeinen Äquivalents zu übernehmen, wird Geldware. Marx hat genetisch-historisch gezeigt, wie eine bestimmte Ware durch gesellschaftliche Gewohnheit aus der Warenwelt ausgeschlossen wird, um den Wert aller übrigen Waren auszudrücken. »Gold tritt den andren Waren nur als Geld gegenüber, weil es ihnen zuvor als Ware gegenüberstand.« (MEW 23: 84) Als Maß der Werte muss es selbst Ware sein, sagt Marx, weil »es sonst kein gemeinsames *immanentes* Maß mit den andren Waren hätte.«

17 Julius E. Lips (1895-1950), deutscher Ethnologe, lehrte und forschte an der Universität Leipzig

(MEW 26.3: 131) Behauptet man, Marx habe eine Ware als Geld nur unterstellt, könnte man ebenso gut sagen, er »habe nicht gezeigt, sondern bloß unterstellt, dass der Papst unbedingt ein Katholik sein müsse«. (Haug 2013: 141) Die allgemeine Wertform hatte den Handel gefördert und die Produktion angeregt, stieß aber an ihre Grenzen, sobald sich Tauschende aus Regionen mit unterschiedlichen Äquivalenten begegneten. »In demselben Verhältnis, worin der Warenaustausch seine nur lokalen Bande sprengt, der Warenwert sich daher zur Materiatur menschlicher Arbeit überhaupt ausweitet, geht die Geldform auf Waren über, die von Natur zur gesellschaftlichen Funktion eines allgemeinen Äquivalents taugen, auf die edlen Metalle.« (MEW 23: 104) Lokal unterschiedliche Äquivalente hatten den Tausch gehemmt.

20 kg Korn =	
3 Flugenten =	
2 kg Tee =	
9 Ellen Leinwand =	1 g Gold
5 Ballen Stroh =	
2 Lendenschürze =	
x Ware A =	
usw.	

Der Übergang von der allgemeinen Wertform zur Geldform wurde eingeleitet, als die Menschen ab dem vierten Jahrtausend v. u. Z. lernten, Metalle zu gewinnen und zu verarbeiten. Die Metalle waren anderen Tauschmitteln überlegen. Die Geldform unterscheidet sich von der allgemeinen Wertform dadurch, dass an die Stelle der zeitlich-regional bestimmten Äquivalentware das Edelmetall tritt, für Friedrich Engels der wichtigste Fortschritt in der Entwicklung der Warenproduktion. (MEW 25: 909) Gold und Silber wurden Geld auf einer bestimmten Stufe der wirtschaftlichen Entwicklung. Ihre Eignung dazu resultiert *erstens* daraus, dass sie, vor allem das Gold, gegen Umwelteinflüsse widerstandsfähig sind und sich beliebig lange aufbewahren lassen. Gold und Silber sterben nicht wie das Vieh, rosten nicht wie Eisen. Schon kleine Mengen verkörpern viel Arbeit und damit hohen Wert. Widerstandsfähigkeit gegenüber Umwelteinflüssen und unbegrenzte Lagerfähigkeit ermöglichen es, den Aufwand für Stapelung und Transport gering zu halten. *Zweitens* besitzen sie gegenüber allen Geldvorläufern den Vorteil, in ihren Teilen qualitativ gleich und nur quantitativ unterschiedlich zu sein. Gleiche Mengen des Metalls besitzen die gleiche Wertgröße. Edelmetallgewicht und Wert verhalten sich direkt proportional zueinander. So eignen sie sich bestens dafür, »als Ausdruck der ebenfalls qualitativ gleichartigen und nur quantitativ unterschiedenen vergegenständlichten abstrakten Arbeit zu dienen.« (Richter, Schließer 1974: 74) Edelmetalle kann man *drittens* in kleinste Teile zerlegen. Selbst dünnste Plättchen und Goldstaub haben Wert. Die Teilbarkeit und die Möglichkeit, kleine Stücke zu großen Einheiten zusammenzufügen, machen Gold und Silber zu einem idealen Maßstab der Preise. Wertverhältnisse können stabil ausgedrückt, selbst kleinste Werte gemessen, beliebig große Werte dargestellt werden. Hoher Wert in geringen Mengen ist vorteilhaft für den Tausch. Man benötigt *viertens* nur kleine Mengen des Metalls, um Waren zu kaufen. Da das Metallgeld *fünftens* leicht transportiert werden kann, eignet es sich nicht nur für die Wertmaßfunktion, sondern auch gut für die eines Tauschmittels. Manche Eigenschaften, die Gold für die Funktion des allgemeinen Warenäquivalents so geeignet machen, besitzen andere Gegenstände in höherem Maß. Doch Diamanten z. B. kann man nicht formen und teilen wie Gold. Im Gold (und Silber) sind die Eigenschaften in nahezu vollkommener Weise vereint, die für die Geldfunktionen benötigt werden.

Der innere Widerspruch der Ware zwischen Gebrauchswert und Wert zeigt sich nunmehr im äußeren Widerspruch zwischen Ware und Geld. Der Warenwert hat sich endgültig verselbständigt, die Ware hat sich verdoppelt in Ware und Geld. (MEW 23: 102) »Der von den Waren selbst losgelöste und selbst als eine Ware neben ihnen existierende Tauschwert ist – Geld.« (MEW 42: 80) Der Widerspruch zwischen Gebrauchswert und Wert wird so auf höherer Stufe erneut gelöst. Jede Ware kann gegen Geld verkauft werden. Aber das so erzielte Geld muss keineswegs zum Kauf einer anderen Ware verwendet werden. An die Stelle des unmittelbaren Austauschs zweier Waren treten Verkauf und Kauf, die zeitlich auseinanderfallen. Es ist dies die erste abstrakte Möglichkeit einer Absatzkrise.

Fazit: Die Analyse der Wertformen und die Logik ihrer Entfaltung widerspiegeln den Prozess der Auflösung der Urgesellschaft, des Jahrtausende währenden Übergangs von der Selbstversorgungswirtschaft zur Warenproduktion. (MEW 23: 76) Das widersprüchliche Verhältnis zwischen den Produktivkräften und Produktionsverhältnissen äußert sich bei der Geldwerdung im Widerspruch zwischen dem Gebrauchswert und dem Wert einer Ware. Dieser Widerspruch wird temporär gelöst, indem er in veränderter Form neu gesetzt wird. (MEW 23: 118) Marx zeigt mit der Wertformanalyse, der souveränen logisch-historischen Darstellung der Geldwerdung, dass die einzelnen Wertformen den Entwicklungsgrad der gesellschaftlichen Produktivkräfte und ihre Wechselwirkung mit den Produktivkräften ausdrücken. Die Wertformen beruhen auf einem logischen Zusammenhang zwischen Wertform und Wertbegriff. Zugleich sind sie Praxisformen, mit denen Marx den geschichtlichen Prozess der Entstehung des Geldes logisch erklärt. »Die Schwierigkeit im Begriff der Geldform beschränkt sich auf das Begreifen der allgemeinen Äquivalentform, also der allgemeinen Wertform«, die der entfalteten Wertform folgt und deren konstituierendes Element die einfache Wertform ist. »Die einfache Warenform ist daher der Keim der Geldform.« (MEW 23: 85) Die Wertformanalyse liefert eine genetische Bestimmung des Geldbegriffs. Sie zeigt, wie das Wesen des Geldes aus den Ursachen und der Art seiner Entstehung erkannt werden kann. Das Geld ist kein Ergebnis bloßer Konvention der Warenbesitzer, »sondern das notwendige Produkt der Lösung der inneren Widersprüche der Ware, des Produktions- und Austauschprozesses der Waren«. (Richter, Schließer 1974: 74) Der Übergang von einer Wertform zur anderen erfolgt über gesellschaftliches Handeln, ist »also nicht ausschließlich logisch, sondern realgeschichtlich determiniert«. (Hecker 2018: 200)

Fetisch

Der Wert ist keine natürliche Eigenschaft der Waren, sondern ein in ihnen verkörpertes gesellschaftliches Verhältnis zwischen privaten Warenproduzenten. Er entfaltet sich logisch und historisch in Gestalt der Wertformen, wird zunächst in einem Gebrauchswert, dann in mehreren Gebrauchswerten, endlich in einem besonderen Gebrauchswert ausgedrückt, der die Eigenschaft des allgemeinen Äquivalents besitzt. Aus ihm geht aufgrund besonders günstiger Voraussetzungen für die Ausübung der Äquivalenzfunktion mit der Geldware Gold die Geldform hervor. Es sind also immer *Dinge*, in denen der Wert erscheint. Dinge werden getauscht, wenn ihr Gebrauchswert begehrt ist. Es scheint nun, als ob die Eigenschaften der Gegenstände den Austausch ermöglichten oder ihn unter bestimmten Bedingungen behinderten. Ob man die Ware verkaufen kann oder nicht und zu welchen Bedingungen man dies tun kann – man viel oder wenig für sie bekommt – scheint an den natürlichen Merkmalen der Dinge zu liegen. Und es scheint, als würden die Produzenten von ihren Produkten beherrscht, die ihnen gegenüber als eine »außer ihnen stehende Gewalt … als vom Wollen … der Menschen unabhängige« Macht auftreten. (MEW 3: 34) Herrschen die Dinge über die Menschen? Tatsächlich hängt das Schicksal der Produzenten von der Möglichkeit ab, ihre Waren auf dem Markt abzusetzen. Doch die Beziehungen der Dinge beruhen auf den unsichtbaren gesellschaftlichen Beziehungen der Warenproduzenten. Die Verkehrung der gesellschaftlichen Beziehungen der Warenproduzenten zu Beziehungen zwischen Dingen nennt Marx Warenfetischismus. Die Eigenschaften der Ware können keine Relationen zwischen ihnen erklären. Die Relationen, also die Tauschwerte, bleiben daher rätselhaft, mystisch, gespenstisch – wie die scheinbaren Eigenkräfte z. B. der katholischen Hostie oder der zairischen »Nagelfetische« –, solange man nicht versteht, dass sie ihnen zugrunde liegende Verhältnisse der Warenproduzenten ausdrücken. Daher werden den Dingen übernatürliche Eigenschaften oder Kräfte zugeschrieben. (Quaas 2016: 41) Die Verhältnisse, die Menschen untereinander bei der Produktion eingehen, nehmen die phantasmagorische, d. h. die zauberhafte oder trügerische Form eines Verhältnisses von Dingen an. (MEW 23: 86) Der gesellschaftliche Charakter der privaten Arbeit wird als Natureigenschaft der Waren zurückgespiegelt, »daher auch das gesellschaftliche Verhältnis der Produzenten zur Gesamtarbeit als ein außer ihnen existierendes gesellschaftliches Verhältnis von Gegenständen.« (MEW 23: 86) Die Produzenten müssen ihre Waren austauschen und erst im Austausch erweist sich, ob ihre Arbeit als Teil der gesellschaftlichen Arbeit anerkannt wird. »Da die Produzenten erst in gesellschaftlichen Kontakt treten durch den Austausch ihrer Arbeitsprodukte, erscheinen auch die spezifisch gesellschaftlichen Charaktere ihrer Privatarbeiten erst innerhalb des Austauschs.« (MEW 23: 87) Doch das heißt nicht, dass die Produkte erst im Tausch ihren Wert erhielten. Es heißt nur, dass der in der Produktion erzeugte Wert im Tausch sichtbar gemacht wird. (Lietz, Schwartz 2021)

Die Mystifizierung der Beziehungen zwischen den Warenproduzenten durch ihre Verkehrung in Beziehungen zwischen Dingen gipfelt im Geldfetisch. Für Geld kann man im Kapitalismus alles kaufen, und es scheint, als resultiere diese Macht aus den stofflichen, naturgegebenen Eigenschaften des Geldes oder des Goldes. »Eine Ware scheint nicht erst Geld zu werden, weil die andren Waren allseitig ihre Werte in ihr darstellen, sondern sie scheinen umgekehrt allgemein ihre Werte in ihr darzustellen, weil sie Geld ist.« (MEW 23: 107) Das Rätsel des Geldfetischs sei nur »das sichtbar gewordne, die Augen blendende Rätsel des Warenfetischs«. (MEW 23: 108) Die Macht, die das Geld verkörpert, entspringt aber nicht den natürlichen Merkmalen des Goldes und des Silbers. Die Macht resultiert daraus, dass das Geld abstrakte, anerkannte gesellschaftliche Arbeit verkörpert und in der Funktion als allgemeines Äquivalent gesellschaftliche Verhältnisse vermittelt.

Wesen und Funktionen des Geldes

Ware und allgemeines Äquivalent

Die Analyse der Wertformen und ihre historische Entfaltung zeigt, dass das Geld seinem Wesen nach *die* Ware ist, die aus der Warenwelt ausgeschlossen wird, um den Wert aller anderen Waren auszudrücken, indem sie ihn in den Preis verwandelt. Im Unterschied zur allgemeinen Wertform, die ein regional begrenztes, instabiles Äquivalent darstellte, ist die Geldform des Werts die gefestigte, über einen längeren Zeitraum und ein größeres Gebiet geltende vierte Wertform. Der von den Waren selbst losgelöste und selbst als eine Ware neben ihnen existierende Wert[18] ist – Geld. Die logisch-historische Erklärung des Geldes macht auch deutlich, dass Geld eine Ware ist und Marx dies nicht einfach nur unterstellt. Das Gold war, bevor es Geld wurde, eine »gewöhnliche« Ware, war ein Teil der Warenwelt. Aus ihr wurde es im Ergebnis eines langen historischen Prozesses ausgeschlossen, um allgemeines Äquivalent zu sein, also Geld zu werden. Gold hört aber nicht auf, zugleich Ware zu sein, weil es jetzt eine besondere Ware geworden war. »Wer die Gegenständlichkeit des Werts leugnet, kann nicht zu einer korrekten Betrachtung des modernen Geld-, Kredit- und Bankensystems vorstoßen, sondern muss zu monetärkeynesianischen Räsonnements oder gar zu den Fadaisen der »Modern Monetary Theory« Zuflucht nehmen.« (Krüger 2021: 124) Das Wesen des Geldes verwirklicht sich über seine Funktionen. Für den

18 Marx spricht in den Grundrissen vom Tauschwert statt vom Wert (MEW 42: 80), aber der Tauschwert ist ja bereits der »losgelöste Wert«.

Warenaustausch dient Geld in folgenden Funktionen: Maß der Werte und Maßstab der Preise, Zirkulationsmittel, Schatz und Geldreserve, Zahlungsmittel und als Weltgeld. Diese fünf Funktionen bedingen sich gegenseitig.

Maß der Werte und Maßstab der Preise

Das Geld als Wertmaß misst den Wert der Waren. Die Funktion macht das Wesen des Geldes aus. Ergebnis des Messvorgangs ist der Preis. Der Wert der Ware wird vorausgesetzt. »Das Wertmaß der Waren bezieht sich immer auf die Verwandlung der Werte in Preise, unterstellt schon den Wert.« (MEW 26.2: 34) Wichtig dabei: »Geld, das Maß der Werte, (ist) selbst Ware und (muss) Ware sein, indem es sonst kein *immanentes* Maß mit den andren Waren hätte.« (MEW 26.3: 131) Erst nachdem Geld seine Funktion als Wertmaß und Wertausdruck erfüllt hat, kann es seine anderen Funktionen ausüben. Ehe sich Waren tauschen, müssen ihre Wertgrößen gemessen worden sein. Die Wertmessung erfolgt nicht durch den Vorgang des Bezahlens, wie manchmal behauptet wird.[19] Sie geht ihm und dem Tausch voraus, erfolgt ideell – es bedarf der Anwesenheit des Geldes nicht – und kann auch unabhängig vom Tausch erfolgen. Ergebnis des Messens ist der Preis, egal, ob er bezahlt wird oder nicht. Er ist der Geldausdruck des Werts. Die ideelle Verwandlung des Wertes mit Hilfe des gedachten Geldes in den Preis hat mit der Größe der vorhandenen Geldmenge nichts zu tun. »Kein einziges Geldstück ist zu diesem Prozeß nötig, so wenig wie ein Längenmaß (sage Elle) reell angewandt zu werden braucht, um etwa den Erdäquator in Ellen auszudrücken.« (MEW 42: 122) In der Messtheorie ist weitgehend anerkannt, allerdings keineswegs von allen, dass das Messmittel

19 So etwa bei Knut Hüller: Auf (ausgetretenen) Abwegen – Eine Auseinandersetzung mit dem (fast) gleichnamigen Buch von Klaus Müller [ohne Datum, vermutlich Juli 2020], exit-online.org

von der Qualität des zu Messenden sein muss. Ein Messmittel für Längen muss lang, ein Messmittel für Gewichte schwer, ein Messmittel für Rauminhalte räumlich ausgedehnt sein. Ein Messmittel für Werte muss wertvoll sein. Das Geld muss eine Ware sein oder eine Verbindung zu ihr besitzen, weil nur eine Ware Wert hat. Bloße Zeichen oder Symbole ohne Wert können keine Werte messen. Zu Pro und Contra dieser Auffassung habe ich mich ausführlicher an anderer Stelle geäußert. (Vgl. Müller 2015: 285-295) Das Geld als »äußeres« Wertmaß – das »innere« ist die Arbeitszeit – besitzt nach Marx folgende Merkmale:

- Es muss von derselben Qualität wie das zu Messende sein, das heißt Geld muss Ware sein und einen Wert haben (oder solchen repräsentieren).
- Geld verhält sich gegenüber den zu messenden Werten passiv. Die Geldware misst sich nicht selbst, sondern liefert nur dem Wertausdruck andrer Ware das Material. (MEW 23: 109)
- Es kann wechseln, weil es von derselben Qualität ist, wie die zu messenden Erscheinungen. Der quantitative Ausdruck verändert sich. Er ist nur relativ.
- Geld kann zu einem anderen quantitativen Ausdruck führen als das innere Maß, dessen Erscheinungsform es ist. Der Preis kann durch Disproportionen von Angebot und Nachfrage von der Wertgröße abweichen. Das äußere Maß wird zu »einem nur relativen, schwankenden, unzulänglichen … Notbehelf«, einem bei allen seinen Mängeln unvermeidlichen Maß im Gegensatz zu dem immanenten, dem »natürlichen, adäquaten, absoluten Maß, der Zeit,« sagt Engels. (MEW 20: 288)

Geld benötigt, um Wertmaß zu sein, einen Maßstab. Die Menge des Geldmaterials muss gemessen werden. Das ist eine technische Notwendigkeit. »Es ist bezeichnend«, so Stephan Krüger,

»dass die bürgerliche Ökonomie, weil sie in ihrer zeitgenössischen Form weder den Unterschied zwischen Gebrauchswert und Wert, geschweige denn denjenigen zwischen konkret-nützlicher und abstrakt menschlicher Arbeit kennt, mit der Funktion des Geldes als Wertmesser oder ›numeraire‹ nur Bestimmtheiten des Geldes als Maßstab der Preise erfasst; dieses Verdikt gilt auch für Keynes.« (Krüger 2012: 43) Das natürliche Maß der Geldware Gold ist ihr Gewicht. Die Gewichtsnamen der Goldquanta sind die ursprünglichen Geldnamen des Preismaßstabs. Maßeinheit, Metallgewicht und Maßstab werden staatlich festgelegt. »Selbst bei metallischer Zirkulation trennen sich die Geldnamen der Metallgewichte nach und nach von diesen ursprünglichen Gewichtsnamen.« (Krüger 2012: 43f) Die Geldeinheit erhält einen nationalen Namen, wie z. B. Dollar, D-Mark, Pfund Sterling, Rubel, Yen, Euro usw. Die Münzen unterscheiden sich von Staat zu Staat. Auch die Unterteilungen: Dreier- und Zwölfersysteme (Taler, Sechser) oder Dezimalsysteme (1 Dollar = 100 Cent, 1 Euro = 100 Cent). Die national unterschiedliche Gestaltung der Geldsysteme erweckt den Eindruck, Geld sei eine staatliche Anweisung. Man muss unterscheiden zwischen dem Wesen des Geldes und dessen staatlichen Ausprägungen und Formen. So auch zwischen dem Maß der Werte und dem Maßstab der Preise. »Als Maß der Werte und als Maßstab der Preise verrichtet das Geld zwei ganz verschiedne Funktionen. Maß der Werte ist es als die gesellschaftliche Inkarnation der menschlichen Arbeit, Maßstab der Preise als ein festgesetztes Metallgewicht. Als Wertmaß dient es dazu, die Werte der bunt verschiednen Waren in Preise zu verwandeln, in vorgestellte Goldquanta; als Maßstab der Preise mißt es diese Goldquanta.« (MEW 23: 113) Die Staaten legen den Maßstab der Preise fest.

Das Geld misst den Wert der Waren nur als vorgestelltes oder ideelles Geld. Es ist gedachtes Geld. Die Verwandlung des Wertes mit Hilfe des Geldes in den Preis ist ein gedanklicher

Vorgang. Dazu bedarf es nicht der körperlichen Anwesenheit des Geldes. Auch wenn Geld nicht da ist, kann man mit ihm rechnen. Marx spricht schon in den Grundrissen vom Rechengeld: »Als Maß dient das Geld stets als Rechengeld, und als Preis ist die Ware stets nur ideell in das Geld verwandelt.« (MEW 42: 121) Die Tatsache, dass Geld als Maß der Werte nur ideell auftritt und dass das Geld als Maßstab der Preise vom Staat festgelegt wird, hat zu den »tollsten Theorien« geführt. (MEW 23: 111; MEW 13: 59ff) Bürgerliche Ökonomen schlossen daraus, dass das Geld eine Übereinkunft der Warenproduzenten sei, um den Tausch zu erleichtern und dass sie den Wert des Geldes willkürlich festlegten. Aber obgleich vorgestelltes Geld reicht, um die Wertmaßfunktion auszuüben, also den Waren Preise zu geben, »hängt der Preis ganz vom reellen Geldmaterial ab.« (MEW 23: 111) »Nichts kann daher falscher sein«, schreibt Stephan Krüger, »als aus der ideellen Form des Geldes als Wertmaß zugleich auf den ideellen Charakter des Geldes, d. h. seine komplette Loslösung von einer materiellen Geldware zu schließen.« (Krüger, Müller 2020: 100) Die Auffassung liegt der sogenannten Demonetisierung des Goldes zugrunde. Die Funktion des Geldes als Maß der Werte ist kein Selbstzweck. Sie ist Voraussetzung, um die Waren verkaufen und kaufen zu können.[20] Nur in der Einheit von Wertmaß und Zirkulationsmittel (Kaufmittel) ist »das Geld wirkliches Geld.« (Neelsen, Müller-Bülow 1973: 68)

Zirkulationsmittel

»Wenn die Tauschwerte in den Preisen ideell in Geld verwandelt werden, werden sie im Tausch, im Kauf und Verkauf, reell in Geld verwandelt, gegen Geld umgetauscht, um sich als Geld

---

20 Wie unter Bedingungen der Nichtzirkulation der Geldware aktuell die Wertmaßfunktion wahrgenommen wird vgl. ausführlicher Müller 2015: 278ff; Krüger, Müller 2020: 71ff, 122.

dann wieder gegen Ware umzutauschen.« (MEW 42: 124) Der Naturaltausch kommt ohne das Geld aus. Eine Ware wird direkt gegen eine andere Ware getauscht (W – W). Was sehr einfach scheint, konnte umständlich, langwierig, tückisch sein, in vielen Fällen sogar scheitern. Um eine Ware direkt gegen eine andere zu tauschen, bedarf es einer doppelten gegenseitigen Interessenübereinstimmung. Wollte jemand 10 kg Äpfel gegen eine Badehose tauschen, musste es ihm glücken, jemand zu finden, der eine Badehose verkaufen wollte und als Bezahlung dafür Äpfel akzeptierte. Ein purer Zufall? Häufig ist das Interesse einseitig und dann kommt kein Tausch zustande. Wie oft mag der Obstanbieter auf Interesse an seinen Äpfeln gestoßen sein, aber die potenziellen Abnehmer wollten alles Mögliche dafür geben, nur keine Badehose. Oder sie verkauften Badebekleidung, wollten aber keine Äpfel, sondern vielleicht ein Mittel gegen Haarausfall. Der Bäcker mag dem Dachdecker dessen Leistungen gern Tag für Tag mit Brot und Kuchen, der Fleischer mit Schinken und Keule, der Gärtner mit frischem Salat und Himmelschlüsselchen vergüten – sehr unwahrscheinlich, dass der Dachdecker zustimmt. Denn er braucht Geld, um sein Auto zu reparieren oder die Hochzeit seiner Tochter zu finanzieren. Der Vorteil des Geldes: Als universell verwendbares Tauschmittel eignet es sich, beliebige Waren und Dienstleistungen zu erwerben. Es beseitigt das Problem des Naturaltauschs, dass sich stets die »richtigen Tauschpartner« finden müssen, die jeweils das Gut des anderen begehrten und bereit waren, dafür ihr eigenes herzugeben. Geld tritt als Zirkulationsmittel – auch Tausch- oder Kaufmittel – auf, indem es den Austausch vermittelt. Geld schiebt sich zwischen die Waren, aus einer Handlung werden zwei: der Verkauf W – G, der Salto mortale der Ware – hier entscheidet sich das Schicksal des Warenproduzenten, erweist sich, ob die Ware ein gesellschaftliches Bedürfnis befriedigt und die private Arbeit als Teil der gesellschaftlichen Gesamtarbeit anerkannt wird – und der Kauf G – W, zusammengefasst: W – G – W. Was jetzt umständlicher aussieht, erleichtert den Tausch enorm und wirkt sich anregend aus auf Produktion und Produktivkraftentwicklung. Durch das Geld verringert sich die Zahl der Tauschbeziehungen. Es vermeidet die hohen Such- und Informationsaufwendungen. Jetzt reicht es, wenn der Verkäufer einen Interessenten für seine Ware findet, der bereit ist, den Preis für sie zu zahlen. Er muss nicht mehr die Ware besitzen und herausrücken, die der ursprüngliche Verkäufer haben will. An die Stelle der doppelten tritt die einfache Übereinstimmung der Interessen. Völlig neue ökonomische Merkmale entstehen. Aus einst isolierten, abgeschlossenen Tauschakten zwischen zwei Partnern, wird eine Kette »unendlich« vieler Kauf- und Verkaufsakte, wird die Geld- und Warenzirkulation. (MEW 13: 75) Da Geld hier kein Selbstzweck ist, sondern die Warenzirkulation vermittelt, in Abständen eingenommen und immer wieder ausgegeben wird, muss es zwar im Gegensatz zur Wertmaßfunktion reell vorhanden sein, aber es kann durch bloße Symbole oder Zeichen ersetzt werden. Während das »materielle Substrat« des Geldes in seiner Bestimmung als Wertmaß wesentlich, seine Existenz aber unwesentlich, ja entbehrlich ist, kann das Geld als Gold und Silber, soweit es nur Mittel des Tauschs ist, durch jedes andere Zeichen, das ein bestimmtes Quantum seiner Einheit ausdrückt, ersetzt werden. »Symbolisches Geld (kann) das reelle ersetzen, weil das materielle Geld als bloßes Tauschmittel selbst symbolisch ist.« (MEW 42: 142) Minderwertige Münzen – Scheidemünzen aus Kupfer, Messing oder Eisen, deren Realwert kleiner als der aufgeprägte Nominalwert ist – haben den Charakter von Geld*zeichen*. Sie sind Vertreter des vollwertigen Geldes. Ebenso das Papiergeld. Vom Staat ausgegeben und mit einem Zwangskurs versehen, vermittelt es die Warenzirkulation. »Das Münzdasein des Goldes scheidet sich völlig von seiner Wertsubstanz. Relativ wertlose Dinge, Papierzettel, können also an seiner Statt als Münze funktionieren. In den metallischen Geldmarken ist der rein symbolische Charakter noch einigermaßen versteckt. Im Papiergeld tritt er augenscheinlich hervor.« (MEW 23: 140f) Papiergeld ist repräsentatives Geld, fungiert als Stellvertreter der Geldware. »Weil Geld in bestimmten Funktionen durch bloße Zeichen seiner selbst ersetzt werden kann, entsprang der andre Irrtum, es sei bloßes Zeichen.« (MEW 23: 105) China hatte bereits im siebenten Jahrhundert Papiergeld, in Amerika wurde es erstmals 1690 in Umlauf gesetzt. Frankreich folgte 1716, Russland 1769 und England während der Napoleonischen Kriege (1800-1815). (Neelsen, Müller-Bülow 1973: 75) Wird mehr Papiergeld in den Umlauf gebracht, als Goldgeld umlaufen müsste, sinkt die von einer Papiergeldeinheit vertretene Menge Geldware. Die Kaufkraft mindert sich, die Preise steigen. Kostete ein Auto Anfang der 1970er Jahre angenommen 6 000 Dollar, so wäre beim damaligen Goldpreis von 100 $ je Unze Feingold – ein Dollar repräsentierte 0,31 g Gold – der Preis des Autos etwa 1,86 kg Gold gewesen. Der Goldpreis eines Autos, das im Jahre 2021 30 000 $ kostet, wäre etwa 0,52 kg Gold gewesen. Eine Unze Feingold wurde im Juli 2021 über 1 800 US-$ notiert, d. h. ein Dollar vertrat nur noch 0,017 g Gold. Während sich der Preis des PKW in Dollar verfünffacht hat, ist er, in Gold ausgedrückt, um mehr als zwei Drittel gesunken.

Wertaufbewahrungsmittel und Geldreserve

Während das Geld als Maß der Werte nur ideell ist und als flüchtiges, von Hand zu Hand gehendes Zirkulationsmittel durch Symbole bzw. Zeichen vertreten werden kann, ist das in der Funktion als Wertaufbewahrungsmittel anders: Hier kommt es ja gerade auf die Werthaltigkeit an: »Die Ware, welche als Wertmaß und daher auch, leiblich oder durch Stellvertreter, als Zirkulationsmittel funktioniert, ist Geld. Gold (resp. Silber) ist daher Geld. Als Geld funktioniert es, … wo es in seiner goldnen (resp. silbernen) Leiblichkeit erscheinen muss, daher als Geldware, also weder bloß ideell, wie im Wertmaß, noch repräsentationsfähig, wie im Zirkulationsmittel«. (MEW 23: 143f) Folgt dem Verkauf der Ware W – G nicht sofort der Kauf G – W, fällt Geld aus der Zirkulation heraus und wandert in die Depots. Es wird Schatz oder Reserve für Zahlungen. Der Trieb der Schatzbildung ist »von Natur maßlos. Qualitativ oder seiner Form nach ist das Geld schrankenlos, d. h. allgemeiner Repräsentant des stofflichen Reichtums, weil in jede Ware umsetzbar.« (MEW 23: 147) Die Funktion des Geldes als Mittel der Wertaufbewahrung bzw. als Schatz entspringt aber keinesfalls nur dem unersättlichen Bereicherungstrieb. Die Funktion ist auch für die Reproduktion nötig. Geld wird zurückgehalten, quasi als Wertspeicher, um zu einem späteren Zeitpunkt Käufe mit ihm zu tätigen. Insofern könnte man auch von einer Zeitüberbrückungsfunktion des im Schatz gespeicherten Geldes sprechen. Die Zeit zwischen der Einnahme des Geldes und seiner Ausgabe, dem Zeitpunkt der Bedarfsdeckung, wird überbrückt. Jeder Warenproduzent muss in gewissen Zeitabständen Arbeitsgegenstände und Arbeitsmittel ersetzen oder zusätzlich erwerben. Das dazu erforderliche Geld sammelt er nach und nach an. Er bereitet so die Ersatz- oder Erweiterungsinvestition vor. Aber auch aus der Gesamtperspektive wird die Bedeutung der Funktion klar: Die für die Zirkulation erforderliche Geldmenge schwankt. Sie steigt und fällt, weil sich Produktionsvolumen, die Preise und die Umlaufgeschwindigkeit des Geldes unentwegt ändern. Vorübergehend für Zahlungen nicht benötigtes Geld fließt in den Schatz und kehrt zurück, wenn es in der Zirkulation wieder gebraucht wird. Die Wertaufbewahrungs- oder Schatzfunktion des Geldes federt die beständigen Schwankungen der Warenzirkulation ab, ist eine Pufferfunktion. »Die Schatzreservoirs dienen zugleich als Abfuhr- und Zufuhrkanäle des zirkulierenden Geldes, welches seine Umlaufkanäle daher nie überfüllt.« (MEW 23: 148) Insofern ist die Wertaufbewahrungsfunktion untrennbar mit der Funktion des Geldes als Zirkulationsmittel verbunden, die sie ergänzt und ermöglichen hilft. Sie gewährt die Flexibilität des Geldumlaufs und sichert, dass stets die für die Zirkulation benötigte Geldmenge zirkuliert. Die Marxschen Aussagen beziehen sich zunächst auf die Geldware Gold, treffen aber auch dort zu, wo verschiedene Kreditgeldarten als Anspruch auf Geldware auftreten. Zwar lassen sich auch die Arten des Kreditgelds – unbefristete und übertragbare Forderungen, wie z. B. Banknoten – anhäufen. Die wahre Substanz des Schatzes aber ist die Geldware. Mit ihr wurden Zahlungsforderungen eingelöst, die sich nicht untereinander ausglichen. Dazu ist nur geeignet, was selbst Wert hat, die Geldware und keine Schuldforderungen. Ich verstehe, dass viele diese Auffassung als antiquiert abtun. Aber aus welchem Grund halten Zentralbanken auch heute noch einen beträchtlichen Teil ihrer Währungsreserven unmittelbar in Gold, obgleich sie diese für die Zirkulation nicht benötigen? Eine reine Metallgeldzirkulation wäre im heutigen Monopolkapitalismus ein Anachronismus besonderer Art, weil es sie in »reiner Form« nie, auch nicht im Kapitalismus der freien Konkurrenz gegeben hat. Gold bewahrt auch körperlich real seine Schatz- und Reservefunktion. Als Geldware weist es einen hohen Liquiditätsgrad auf und gewährt als Vermögens- und Wertaufbewahrungsobjekt einen guten Inflationsschutz.

Veränderungen in der Wahrnehmung der Schatzfunktion des Geldes sind offensichtlich. Private Personen und Unternehmen horten, von Ausnahmen abgesehen, keine Geldware Gold mehr. Zwar verfügen Zentralbanken über Goldvorräte, doch sind diese nur noch im mittelbaren und eingeschränkten Sinn Reserve der nationalen und internationalen Geldzirkulation. Sie liegen relativ dauerhaft in den Schatzkammern und Depots und sind nicht mehr Reserve für die täglichen Schwankungen des Geldbedarfs. Sie werden gehalten für den »Fall der Fälle«. Der Wegfall des ununterbrochenen Hin- und Herwanderns zwischen Zirkulation und Schatz ist eine logische Konsequenz der Verwandlung der Zentralbanknote aus einer Kreditgeldart in Papiergeld. Da Papiergeld nicht mehr Anspruch auf Geldware ist, entfällt die Notwendigkeit, den Metallschatz »als Garanten der Konvertibilität der Banknoten und als Angelpunkt des ganzen Kreditsystems« zu bewahren. (MEW 25: 587) Die ungebrochene Wertschätzung des Goldes durch die Zentralbanken mag aus dieser Sicht zeitwidrig erscheinen. Aber das Gold als Währungsschatz hat einen währungspolitischen Gebrauchswert: die letzte Sicherheit zu bieten in einer Zahlungswelt, die mit wertlosem Papiergeld und Kreditgeld funktioniert. Da nationales Papiergeld als Zahlungsmittel Kreditbeziehungen beendet und jeden Anspruch auf »anderes« Geld löscht, kann und muss es auch als Schatz, als Reservemedium für die Zirkulation auftreten. Die Bedeutung der inkonvertiblen Zentralbanknoten für die Ausübung der Schatzfunktion hat sich erhöht. International betrifft das vor allem die Schlüsselwährungen Dollar, Euro, Yen und andere, darunter vielleicht auch bald den chinesischen Renminbi, wenn Chinas Aufwärtsentwicklung anhält und das Land dem Druck der USA standhält. Im Gegensatz zur Geldware unterliegen die Währungen der inflationären Entwertung. Die »Werterhaltung« durch wertloses Papiergeld im Sinne des Anspruchs auf wertäquivalente Warenmengen wird in Abhängigkeit von der inflationären Entwicklung drastisch gestört. Die Geldware vermeidet diesen Wertverlust, weil die Inflation nur eine Änderung des Preismaßstabs, eine Änderung des Repräsentationsverhältnisses zwischen der Geldware und dem Geldzeichen ist. Der Vorteil der Geldware, selbst gegenüber »harten« Währungen bleibt eben die Arbeitszeit, die in ihr verkörpert ist. 35 000 Tonnen Gold dienen weltweit als Währungsreserve (2020). Das sind knapp 25 Prozent des Goldes, das in 6 000 Jahren Menschheitsgeschichte gefördert worden war. Sie sind akkumulierte Arbeitszeit, akkumulierter Wert. Schätzt man, dass 1 000 Arbeitsstunden erforderlich sind, um 1 Gramm Feingold (Au 999) zu gewinnen,[21] repräsentierte die goldene Weltwährungsreserve 35 Billionen Stunden Arbeitszeit. Als natürliches Reservemittel ist die Geldware geeigneter als ihre Vertreter, die nicht wie sie Ware, sondern nur Anweisung auf Ware sind. Der Goldanteil an den Währungsreserven der Euro-Länder ist seit 2000 angestiegen. Die tendenziell anhaltende Erhöhung des Goldpreises hat dazu beigetragen. Mitte des Jahres 2020 wurden rund drei Viertel der deutschen Währungsreserven in Gold gehalten. Im Jahr 2000 hatte der Anteil der Goldreserven an den Währungsreserven der Bundesbank bei knapp 35 Prozent gelegen. Die USA weisen mit fast 80 Prozent den höchsten Goldanteil an den Währungsreserven auf.[22] Gold als Verkörperung von Wert dient als nationale Reserve für Krisenzeiten. Das Edelmetall liegt als Geldware auf der Lauer. Wäre in akuter Krise, nachdem alle Rettungsversuche versagt hätten, der Rückgriff »auf das Geld mit Selbstwert« unvermeidlich, käme das, so Stephan Krüger, »einem katastrophischen Zusammenbruch des gesamten internationalen Geld- und Währungssystems gleich«, der mit den Mitteln der Wirtschaftspolitik verhindert werden sollte. (Krüger, Müller 2020: 124)

Mitunter wird denen, die an der währungspolitischen Bedeutung des Geldes festhalten, vorgeworfen, sie wollten die vorkapitalistische Metallgeldzirkulation revitalisieren. Das Gegenteil ist richtig: Gerade die Geldwarentheorie versteht die Schaffung von Ersatzgeldzeichen nicht als Störung, Missbrauch oder Entartung des Geldes, sondern als eine historische Konsequenz des Wirkens ökonomischer Gesetze. Wer die Geldwarentheorie anerkennt, will keineswegs die Geldware zurückholen in

21 wikademie – Spezialschule für Wertgeld-Wirtschaft, Produktwert des Goldes, 29.12.2016, goldwert-akademie.de

22 Statista, Entwicklung des Anteils der Goldreserven an den gesamten Währungsreserven ausgewählter Länder weltweit von 2000 bis zum 1. Halbjahr 2020, 9.11.2020, de.statista.com

die Zirkulation. Vielmehr ermöglicht es, die Geldwarentheorie, das Geld als Einheit von Geldware und Geldzeichen theoretisch und historisch widerspruchsfrei darzustellen. Während eine Wiedereinführung einer Edelmetallgeldzirkulation völlig anachronistisch ist, ist die »Genesis der Geldware Gold kein historisch obsoletes Rudiment« längst verflossener Zeiten. (Wendt 2021: 79)

Zahlungsmittel

Typisch für die moderne Warenproduktion ist, dass die Veräußerung der Ware und ihre Bezahlung zeitlich auseinanderfallen. Durch die Trennung beider Handlungen entsteht die Funktion des Geldes als Zahlungsmittel. Verkauft wird die Ware gegen das Versprechen, später zu zahlen. Es wird auf Kredit gekauft. Kreditkäufe sind objektiv notwendig, wo unterschiedliche Produktions- und Zirkulationszeiten überbrückt werden müssen. Der Bauer muss Maschinen, Saatgut und Dünger kaufen, bevor er pflanzen, säen und ernten sowie seine Produkte verkaufen kann. Unternehmer in fast allen Branchen kaufen Maschinen und Material auf Kredit, der später aus dem Erlös der hergestellten Erzeugnisse getilgt wird. Das Geld ist auch beim Kreditkauf zunächst ideelles Wertmaß, verwandelt den Wert in den Preis, mit dem der Wert ausgedrückt wird. Dann ist es Zirkulations- bzw. Kaufmittel, aber kein reelles, sondern ideelles Mittel. Es wird für die Übergabe der Ware nicht körperlich gebraucht, weil es sich durch Forderungen auf sich selbst – Wechsel, Buchgeld – vertreten lässt. Erst wenn am Tag der Fälligkeit der Käufer das Zahlungsversprechen – das zugleich eine Zahlungsforderung des Verkäufers ist – einlöst, tritt Geld in Erscheinung. Aber nicht als Zirkulationsmittel, denn die Übergabe der Ware vom Verkäufer an den Käufer hatte bereits stattgefunden. Das Geld tritt jetzt als Zahlungsmittel in die Zirkulation ein. »Das Zahlungsmittel tritt in die Zirkulation hinein, aber nachdem die Ware bereits aus ihr ausgetreten ist.

Das Geld vermittelt nicht mehr den Prozess. Es schließt ihn selbständig ab, als absolutes Dasein des Tauschwerts oder allgemeine Ware.« (MEW 23: 150) Bis zum Tag der Einlösung des Zahlungsversprechens besitzt zwar der Käufer die Ware. Er ist aber noch nicht ihr Eigentümer. Der Eigentümerwechsel findet erst statt, wenn der Käufer seine Zahlungsverpflichtung einlöst. Mit der Funktion des Geldes als Zahlungsmittel, mit dem Kauf auf Kredit erweitern und vertiefen sich die ökonomischen Abhängigkeiten der privaten Warenproduzenten. Aus Verkäufern und Käufern werden Gläubiger und Schuldner. Das Verhältnis zwischen Gläubigern und Schuldnern ist »minder gemütlich«, als das zwischen Verkäufern und Käufern. (MEW 23: 149) Zahlt der Käufer nicht, »so finden Zwangsverkäufe seiner Habe statt.« (MEW 23: 150)

Die gesetzmäßige Ausdehnung des Leihkapitals bzw. des Kredits erhöht die Bedeutung des Geldes als Zahlungsmittel. Zahlungsmittel ist jenes Geld, das durch die Kreditgeldarten gefordert wird. Ursprünglich die Geldware in Form von Barren und Münzen, erfüllen heute vor allem die inkonvertiblen Zentralbanknoten diese Aufgabe. Sie lösen die durch die Verdrängung des Geldes aus der Zirkulation entstandene Gläubiger-Schuldner-Beziehung auf. Sie müssen für die Verfallstermine der geschuldeten Summen bereitgehalten werden. Es zeigt sich, dass das für die Zahlungsmittelfunktion geeignete Geld als Schatz gehalten werden muss. Wie unter Bedingungen der Konvertibilität der Banknoten in Gold, der Wahrnehmung der Zahlungsmittelfunktion durch das Gold, lediglich ein »im Vergleich mit der Gesamtproduktion unbedeutendes Quantum Metall« (MEW 25: 588) erforderlich war, so benötigt man unter heutigen Bedingungen Zentralbankbargeld auch nur in dem Maße, wie sich gegenseitige Forderungen und Verbindlichkeiten nicht aufrechnen lassen.

Nicht mehr die Geldware Gold, sondern die Zentralbanknote löst die Gläubiger-Schuldner-Verhältnisse endgültig auf, wobei in der Regel die Gläubiger mit der Überweisung von Zentralbankbuchgeld auf ihre Konten zufrieden sind. Bei der für das Kreditgeschäft eigenartigen Trennung von Verkauf/Kauf und Bezahlung der Ware fungiert die Geldware allenfalls noch mittelbar als Wertmaß, weil sie vertreten wird durch die Zentralbanknote, die sie repräsentiert. Der Preis ist identisch mit der Zentralbankgeldsumme, die der Käufer dem Verkäufer der Ware schuldet. Die Zentralbanknote fungiert zugleich als ideelles Kaufmittel. In Form des Wechsels oder Buchgelds, Forderungen auf sich selbst, ermöglicht sie den Übergang der Ware vom Verkäufer zum Käufer. Als Zahlungsmittel schließt die Zentralbanknote den Prozess ab, der durch Kreditgeldarten, v. a. durch Buchgeld, als Zirkulationsmittel vermittelt worden war.

Mit den Kreditkäufen entsteht eine Kette gegenseitiger Verbindlichkeiten, die reißt, wenn ein Schuldner zahlungsunfähig wird. Die Zahlungsunfähigkeit des Einzelnen kann zu der von vielen führen. Aus der Funktion des Geldes als Zahlungsmittel entspringt die zweite abstrakte Möglichkeit einer Wirtschaftskrise, die sich als Geldkrise äußert.

Allgemein verweist die Zahlungsmittelfunktion des Geldes auf Geldbewegungen ohne unmittelbare materielle Gegenleistung. Beispiele für die Ausübung dieser Funktion sind Kredittilgungen, Einzahlungen auf und Auszahlungen von Konten, Steuern, soziale Transfers, Strafen usw.

Weltgeld

Die Erweiterung nationaler Märke zum Weltmarkt entwickelt das Geld zum Weltgeld. (MEW 26.3: 250) In dieser Funktion nimmt das Geld seine nationalen Funktionen als Wertmaß, Zirkulations-, Zahlungs- und Wertaufbewahrungsmittel für die Warenzirkulation auf dem Weltmarkt wahr. Solange alle Währungen offiziell an das Gold gebunden waren, bestanden über die Geldware feste Relationen zwischen ihnen. Es verband die nationalen Wirtschaften, verhinderte grundlegende Unterschiede in der Preis- und in der zyklischen Bewegung der Wirtschaft. Das Geld als Weltgeld streift seine nationale Form ab und trat in seiner ursprünglichen Gestalt als Gold auf, zum Beispiel in Barrenform. Lemmnitz schreibt, dass bei gegenseitigen Verrechnungen das Gold als ideelles Maß der Werte und, sofern sich die Zahlungsverpflichtungen ausglichen, nur als ideelles Rechengeld auftrat. Und »der kommerzielle Kredit, der dem Warenaustausch dient, und sein Instrument, der Wechsel, wurden zum Hauptvermittler des Welthandels.« (Lemmnitz 1977: 22) Gold fungierte als Reservefonds für den Ausgleich der Bilanzen. Der Verkauf von Waren auf dem Weltmarkt erfolgt gewöhnlich auf dem Wege des Kredits und wird durch den Ausgleich der Handels- bzw. Leistungsbilanzen geregelt. Eine Geldbewegung erfolgt nur zum Ausgleich der Salden. Die Devisen, d. h. die Handels- und Bankwechsel, Banknoten, Münzen und Guthaben in ausländischer Währung »entwickelten sich fortan zu einer Form von internationalem Kreditgeld, das neben dem Gold als Weltgeld-Stellvertreter fungierte.« (ebd.) Als Weltgeld ist Geld vor allem internationales Zahlungsmittel, es wird benötigt, um Handels- bzw. Leistungsbilanzdefizite auszugleichen. Auch wenn verschiedene Arten des Kreditgelds die Zirkulation international gehandelter Waren vermitteln, erfüllen inkonvertible Zentralbanknoten als »letztes«, die Gläubiger-Schuldner-Verhältnisse auflösendes Geld die internationale Zahlungsmittelfunktion. So war im Weltwährungssystem von Bretton Woods (1944-1973) der US-Dollar nicht nur im Sinne eines Kaufmittels internationales Geld. Er war auch internationales Zahlungsmittel und Reservemedium. Kern des Fixkurssystems war der US-Dollar, der an die Geldware Gold auch offiziell gebunden blieb. Man nannte es den Gold-Dollar-Standard. Alle Währungen standen zur US-Währung in einem festen Verhältnis. Das Tauschverhältnis zwischen einem Dollar und einer Unze Gold wurde festgelegt. 35 Dollar sollten gleich einer Unze Feingold sein. Die US-Zentralbank, Federal Reserve Bank (Fed), verpflichtete sich, diese Relation und sich den daraus ergebenden Goldgehalt des Dollar (0,888685714 Gramm) durch Goldkäufe und -verkäufe zu sichern. Sie erklärte sich gegenüber den ausländischen Zentralbanken bereit, jederzeit deren Dollars zu diesem Kurs in Gold umzutauschen. Die Zentralbanken der Mitgliedsstaaten verpflichteten sich, auf den Devisenmärkten durch Käufe und Verkäufe zu intervenieren, um die Kurse ihrer Währungen in festen Grenzen zu halten. So sollte verhindert werden, dass der Kurs um mehr als ein Prozent vom festgelegten Wechselkurs abwich. Bis Anfang der 1970er Jahre wurde die herausragende Stellung des Dollar in diesem System durch die offizielle Bindung an das Gold unterstützt. Der US-Dollar wurde Leitwährung. Er war zu einem garantierten Kurs gegen Gold konvertibel und alle anderen Währungen über ihn.

Solange dieser Einlösungsanspruch gehalten werden konnte, war der Dollar internationales Zirkulations- und Zahlungsmittel, mit dem nicht nur Käufe bezahlt, sondern auch Bilanzen ausgeglichen werden konnten. Als die privilegierte Stellung des US-Dollars aufgegeben wurde, Präsident Nixon am 15. August 1971 die Einlösungspflicht aufhob, verwandelte sich der Dollar aus einem internationalen Kreditgeld in ein internationales Papiergeld. Viele sahen den Grund in der weltweiten Dollarschwemme, hervorgerufen durch das rücksichtslose Machtbewusstsein der USA, im teuren Vietnam-Krieg, in den Militärstützpunkten rund um die Welt und in den infolgedessen wachsenden Leistungsbilanzdefiziten. Die Aggression in Indochina kostete 135 Milliarden Dollar. Je größer das Missverhältnis zwischen den eigenen schrumpfenden Goldbeständen in Fort Knox und der Papierflut außerhalb der USA wurde, desto stärker wurde das Umtauschbegehren der Ausländer, vor allem Frankreichs, und desto schwerer fiel es den Amerikanern, ihrem Versprechen nachzukommen. Die politökonomische Wertung aber zeigt das tiefere Fundament des Vorgangs: Die »Inkonvertibilisierung« des Dollar war die unvermeidliche Konsequenz aus der vorher erfolgten Änderung des Repräsentationsverhältnisses zwischen Gold und Greenback. (Knolle-Grothusen 2009: 212) Die »juristischen Regelungen«, wie man staatliche Willensakte nennt, sanktionierten einen Zustand, der auf Grund innerer Mechanik eingetreten war. Der inkonvertible Dollar gestattet es den US-Amerikanern, ihr Leistungsbilanzdefizit zu finanzieren, ohne Rücksicht auf die Bestände an Gold nehmen müssen. »Können Sie sich einen besseren Handel ausdenken, als schöne Textilien, chromblitzende Autos und ausgefallene Fernseher für eine Handvoll grün bedruckten Papiers zu erhalten?«, fragt Milton Friedman, der Nobelpreisträger, schelmisch. (Friedman 1979) Vom Gold »juristisch« gelöst, wird der Dollar zunehmend zu einem Faktor der Instabilität kapitalistischer Währungsbeziehungen, wobei nunmehr in der »freien« Goldpreisbewegung – abgesehen von spekulativen Momenten – die inflationär bestimmte Relation von Dollar und Gold widergespiegelt wird.

Weltgeldfunktionen werden nicht nur vom Dollar wahrgenommen, sondern auch von anderen kapitalistischen Währungen, vor allem vom Euro, Yen und Schweizer Franken. Mit den Sonderziehungsrechten, die seit 1970 im internationalen Währungssystem auftauchen, war beabsichtigt, ein stabiles künstliches Weltgeld zu etablieren. Es sollte Verknappungen der Liquidität mildern. Als Anspruch auf nationale Währungen sind sie internationales Kreditgeld. Zunächst sollte die Stabilität der Sonderziehungsrechte durch Bindung an das Gold erreicht werden, ab 1974 durch die Bewertung auf der Basis eines Währungskorbes. Als belegte Speicherplätze in Computern – oder Bucheintragungen sind sie eine Embryonalform des internationalen Giralgeldes. Die ungedeckten Bezugsscheine auf fremde Währungen (Kolloch 1981: 169) sind weder Zirkulations- noch Zahlungsmittel, und gleich gar nicht können sie Wertmaß sein. Ihre Bedeutung ist darin zu sehen, dass sie eine relativ stabile Berechnungsgröße, ein künstlicher Bezugspunkt für den Vergleich kapitalistischer Währungen sind und Staaten bei knappen Devisenkassen den Zugang zu benötigten Fremdwährungen verschaffen.

Geldarten und Geldsurrogate

Eine historische Stunde: Münzen werden geprägt

Bei der Geldform des Werts unterscheidet man drei Stufen: das Metallgeld in Form von Schmuck und Geräten, das Gold in Form von Staub, Nuggets, Klumpen oder Barren und das gemünzte Metall. »Die Verwendung von Metallen in diesem rohen Zustand war mit zwei beträchtlichen Unbequemlichkeiten verknüpft«, schrieb Adam Smith: »erstens mit der Mühe des Wiegens und zweitens mit der des Prüfens. Bei den Edelmetallen macht eine kleine Gewichtsdifferenz einen großen Unterschied im Wert aus … insbesondere das Abwiegen des Goldes muss mit peinlicher Genauigkeit erfolgen.« (Smith 1976: 34) Gold musste gewogen, mitunter geteilt und sein Feingehalt an edlem Metall geprüft werden. Das war für den Handel sehr hinderlich. Bei den Griechen wurde noch zu Zeiten Homers (8. Jh. v. u. Z.) und bei den Römern wahrscheinlich bis zur Zeit des Decemviri (541 v. u. Z.) Metallgeld gewogen. Wiegen und aufwendige Prüfverfahren erschwerten den Tausch erheblich. Deshalb wurden Metalle zu Münzen geformt. »Die Unbequemlichkeit und Schwierigkeit, welche mit dem Abwiegen der Metalle verbunden war, veranlaßte die Einführung von Münzen, von deren Prägestempel man erwartete, daß er nicht nur den Feingehalt, sondern auch das Gewicht des Metalls verbürgte«. (Smith 1976: 35f) Für einige beginnt die Geldgeschichte mit den ersten Münzen, doch hat das Münzgeld, wie beschrieben, eine lange Vorgeschichte. Münzen sind nur eine Erscheinungsform der weit früher entstandenen Geldform des Werts. Wie so vieles in der Weltgeschichte, ist auch die Münze mehr als einmal erfunden worden. Nach Herodot müssten wir die Lydier als ihre Erfinder preisen: »die Lydier … sind aber unter allen, die wir kennen, die ersten, welche Münzen von Gold und Silber geprägt«. (Herodot 2011: 80) Die Flüsse Lydiens, in der heutigen Türkei, führten ein natürliches Edelmetallgemisch, Elektron genannt. Es bestand aus 80 Anteilen Gold und 20 Anteilen Silber. Daraus prägten die Lydier im 7. Jahrhundert v. u. Z. die ersten Münzen, angeblich erstmals zur Bezahlung ausländischer Söldner. Sie waren auf den Handel gekommen, weil die hohen Berge des Taurosgebirges die Möglichkeit begrenzten, das für die Landwirtschaft benötigte Ackerland zu erweitern – da erwiesen sich die oberflächlichen Bodenschätze als nützlich. Der Handel hat die Münzen von Lydien nach Vorderasien und Griechenland gebracht, von wo aus sie sich nach und nach die Welt eroberten. Archäologische Hinweise belegen, dass gemünztes Geld in China weit früher, mindestens 2300 v. u. Z. und in Persien sowie in Indien spätestens zu Beginn des 9. Jahrhunderts v. u. Z. vorhanden gewesen sein muss. Die ältesten Münzen Chinas waren aus Bronze. Ihre Formen haben sich aus Gegenständen des Gebrauchs entwickelt wie Klappern, Triangeln, Spaten, Äxte, Messer. Diese Münzen belegen, dass ihnen ein Gerätegeld vorausgegangen war. (Gerloff 1940: 57) Der Fortschritt: Durch eine Stempelung, die sich auf die Edelmetalle leicht aufprägen lässt, werden mit der Münze Gewicht und Feingehalt bestätigt. Der jeweilige Münzherr, später der Staat bürgen so mit ihrem Ansehen für Gewicht und Feingehalt der Münzen. Wiegen und Prüfen können entfallen – eine gewaltige Erleichterung des Handels. Eine einheitliche und schnelle Abwicklung des Zahlungsverkehrs wird möglich. Die gleichartigen Geldstücke ersetzen und vertreten sich gegenseitig. Stempelungen treten zwar nicht erst mit der Münze auf. Sie finden sich auch auf Gewebestücken, Salzgeld und Teeziegeln. Auch Barren wurden individuell gestempelt, wiesen aber in Feinheit und Gewicht Unterschiede auf, die eine allgemeine Beglaubigung ausschlossen. Diese wird erstmals charakteristisch für die Münze. Ihre Stempelung erfasst bald die gesamte Oberfläche. Sie wird Gepräge genannt. Gold und Silber werden in unterschiedlich wertige Münzen gestückelt, eine große Erleichterung für den Zahlungsverkehr. Im Gegensatz zu Barren eignen sich die Münzen für den Kleinhandel, vorwiegend also für den historisch so späten *Binnenhandel.* Die Eignung der Edelmetalle für Geldzwecke wird damit noch erhöht. Anstelle des Wiegens und Rechnens mit Feingehaltszahlen genügt das Zählen. Da innerhalb der Münzsorten die Stücke in festen Relationen zueinanderstehen, ist es möglich, beliebige Wertsummen zu ermitteln, indem man die Münzen zählt. Mit der Münze werden Edelmetalle in eine Form gebracht, die ihre Übertragung erleichtert und vereinfacht. Es ist keine Übertreibung: In Form der Münze schlägt der Geldgeschichte eine historische Stunde. Doch es gibt Nachteile: Wie großartig die Erfindung der Münze auch gewesen sein mag – zweieinhalb Jahrtausende hat sie in wechselnder Gestalt Geldfunktionen ausgeübt – ihre Geschichte ist nicht nur ruhmvoll. Hinderlich für den Handel war ihre große Zahl und Verschiedenheit. Die Geschichte des Münzgeldes ist vor allem die seiner ständigen Verschlechterung. Mangelhafte Prägetechnik und ungleicher Feingehalt reizten dazu, die schwereren Stücke einer Münzsorte auszusuchen und zurückzuhalten. Gezahlt wurde mit den zu leicht geratenen. Münzherren verschlechterten Schrot (Gesamtgewicht der Münze) und Korn (Feingehalt, d. h. die Relation der Edelmetallmenge zum Gesamtgewicht), um sich zu bereichern. Münzen von gleichbleibender Güte und konstantem Gewicht waren die große Ausnahme. Vom alten Schrot und Korn zu sein – höchste Anerkennung von bald sprichwörtlicher Bedeutung. An den Münzen wurde gefeilt und geschnitten. Oder man mischte ihnen minderwertige Metalle bei. Münzen, die sich lange im Umlauf befanden, viele Hände wechselten, nutzten sich auf natürliche Weise ab. Gleiches Geld konnte es so nicht geben. Nachteilig war auch, dass die Prägung der kleineren Münzen hohe Kosten verursachte. Ob Fünf-, Zehn- oder Zwanzigmarkstück, die Prägekosten unterschieden sich wenig, wenn die Stücke gleich groß waren. Zur Prägung einer Geldsumme in Zehnmarkstücken fielen doppelt so viel Kosten an wie die der Prägung der gleichen Summe in Zwanzigmarkstücken. Noch größer ist der Unterschied in den Prägekosten, wenn silberne, kupferne und goldene Münzen verglichen werden. Die höheren Prägekosten machen es zum Teil verständlich, dass der Münzherr den Metallgehalt seines Kleingeldes verringerte. Jedoch geschah dies in höherem Maße, als es den höheren Prägekosten entsprochen hätte. Er zog gerade aus der Prägung des Kleingeldes zusätzlichen Gewinn. Die Entwertung des Kleingeldes äußerte sich in steigenden Preisen. Dies zwang den Münzherrn erneut, den Metallgehalt seines Kleingeldes zu senken, um auf seine Prägekosten zu kommen. Geld sollte ohne Verlust produziert werden. Es ist wie ein Teufelskreis. Aussichtslos, den Kleingeldumlauf stabil zu halten. In England herrschte vom 15. bis ins 17. Jahrhundert ein Mangel an Kleinmünzen. Städte und Kaufleute gaben Geldzeichen aus Messing in Umlauf. Die Scheidemünze, eine minderwertige Münze, milderte das Problem. Ihre Anwendung blieb auf den Kleinverkehr beschränkt. Die Kurantmünze war vollwertig. Sie durfte seit Ende des 19. Jahrhunderts in Europa und Amerika nur noch aus Gold bestehen. Außerdem: Münzgeld ist schwer. Die Landstraßen sind unsicher. Ein hohes Risiko ist es für den Kaufmann, größere Mengen Goldmünzen mit sich zu führen. Vor allem, wenn er Geschäfte über weite Entfernungen abwickelt. Der Frankfurter Ökonom und Geldhistoriker Karl Häuser (1920-2008) hat errechnet, dass Goethe für seine zweite Italienreise 1786-1788 rund 7000 Taler hätte mitnehmen müssen. Das sind rund drei Zentner Bargeld. Es war unbequem und gefahrvoll, mit einem Sack Goldmünzen loszuziehen, um auf entfernten Märkten Einkäufe zu tätigen. Das Bedürfnis nach Sicherheit, Rationalität und Bequemlichkeit verlangte andere Lösungen.

Handelswechsel

Die Händler fanden schnell einen Ausweg, derartige Bargeldtransporte zu vermeiden: den Wechsel, ein schriftliches Versprechen des Käufers bzw. Schuldners, die Ware später zu bezahlen. Der Verkäufer der Ware wird zum Gläubiger. Für ihn ist der Wechsel ein dokumentierter Zahlungsanspruch.

Der Warenkäufer verspricht in Form des Wechsels, Zahlung später zu leisten, in einer festgelegten Höhe, zu einem fixierten Termin, an einem benannten Platz. Noch kann er sein Geld behalten. Oder er gewinnt Zeit, es sich zu beschaffen. Oft war er gar nicht imstande, die Ware sofort zu bezahlen. Er musste mit ihr erst andere herstellen und verkaufen. Der Verkäufer der Ware erhält keine sofortige Zahlung. Er wird zum Kreditgeber und zieht einen zusätzlichen Vorteil aus dem Geschäft: Er verlangt Zins. Der Zins wird in einem höheren Preis »versteckt«. So unterliefen die Kaufleute des Mittelalters das Zinsverbot. Der Wechselkredit war von großer Bedeutung für den internationalen Handel. Ein Kaufmann aus Genua wandte sich z. B. an einen Geldwechsler seiner Stadt, wenn er in Amsterdam Waren kaufen wollte. Er zahlte die betreffende Summe ein, zum Beispiel 750 Dukaten.[23] Er erhielt keine niederländischen Gulden, sondern einen Brief an den Geschäftsteilhaber des Wechslers in Amsterdam. Dieser wird darin beauftragt, den Wert von 750 Dukaten in niederländischer Münze dem italienischen Kaufmann auszuzahlen. Die Verschickung und die Mitnahme von Bargeld wurden vermieden, das damit verbundene Risiko umgangen. Der Genuese konnte in Amsterdam die gewünschten Waren kaufen und bezahlen, ohne sein Geld mit auf die beschwerliche Reise zu nehmen. Der Wechsel – ein probates Mittel des internationalen Geldtransfers. Am Anfang besaß er einen

---

23 Dukaten sind Goldmünzen, die erstmals 1264 in Venedig geprägt wurden und bis Anfang des 20. Jahrhunderts in ganz Europa verbreitet waren. Die venezianischen Dukaten waren über Jahrhunderte hinweg die stabilste Währung der Welt.

wichtigen Mangel: Er war eine persönliche Schuldurkunde und konnte nicht übertragen werden. Er begründete ein Schuld- und Forderungsverhältnis nur zwischen drei (vier) Personen, die auf dem Wechsel genannt sein mussten: der Aussteller des Wechsels (der Warenverkäufer und Gläubiger), der Bezogene (Warenkäufer und Schuldner), der Empfänger, an den der Geldbetrag ausgezahlt werden sollte (Remittent) und der »Bankier«, der für den Empfangsberechtigten den Wechsel beim Schuldner einlösen sollte. Seiner Verwendung als Handelsgeld waren so enge Grenzen gesetzt. Später – in der ersten Hälfte des 17. Jahrhunderts – kommt das Indossament auf. Es wurde bald als eine große Erleichterung empfunden. Der Warenverkäufer, der, anstatt Geld zu bekommen, nur das Versprechen erhält, es später zu empfangen, braucht nicht zu warten, bis der Termin da ist. Er kann das Zahlungsversprechen, den Wechsel, mit allen Rechten seinen Gläubigern übertragen, von denen er Waren bezieht. Durch Unterschrift auf der Rückseite des Wechsels – Indossament, von »in dosso«, auf dem Rücken – erklärt er sich bereit, für die Zahlung zu haften, falls der ursprüngliche Wechselschuldner zahlungsunfähig sein sollte. Die Wechsel wurden so Zirkulationsmittel. Sie ersetzen die Geldware in der Zirkulation. Marx nennt sie das Handelsgeld, (Marx 1973: 413; MEGA II/15: 389), Geldvertreter oder Ersatzgeld, Geld, das »richtiges« Geld fordert und deshalb eine Art des Kreditgelds darstellt. »Das Kreditgeld entspringt unmittelbar aus der Funktion des Geldes als Zahlungsmittel, indem Schuldzertifikate für die verkauften Waren selbst wieder zur Übertragung der Schuldforderungen zirkulieren.« (MEW 23: 153f) »Richtiges« Geld dagegen beendet Gläubiger-Schuldner-Verhältnisse, ist selbst keine Forderung. Der Wechsel wird am Fälligkeitstag dem ursprünglichen Schuldner vorgelegt zur Einlösung in »richtiges« Geld. Er geht »zu Protest« die Kette der Indossanten zurück, kann dieser nicht zahlen oder ist unauffindbar. Die Indossanten – das sind die, die Wechsel unterschrieben und weitergeben haben –, sind der Reihe nach zur Zahlung verpflichtet, wenn der Vorgänger ausfällt. In der Krise kann ein zu Protest gegangener Wechsel Bankrotte auslösen. Unter geldgeschichtlichem Aspekt ist wichtig, dass mit dem Wechsel ein Prozess beginnt, in dessen Verlauf sich die Geldware aus der Zirkulation zurückzieht. Der Wechsel erlebte seine Blütezeit in den italienischen Handelsstätten des Mittelalters, war aber bereits um 700 v. u. Z. in China bekannt, ebenso in Nippur, der sumerischen Stadt südöstlich von Bagdad und in Babylon, im zweiten und ersten Jahrhundert v. u. Z. auch in Rom, dem damals wichtigsten Kapitalmarkt des Mittelmeerraumes. (Bog 1988: 426f) Die Anwendung des Wechsels ist personell begrenzt. Diese Grenze wird zwar durch Indossieren hinausgeschoben. Die Wechselbeträge sind individuell bestimmt durch die Höhe der Warenlieferung. Beschränkte Laufzeit und individuelle Preise sind Merkmale, die ausschließen, dass der Wechsel die Geldware dauerhaft aus der Zirkulation hinausdrängen kann. Wechsel mussten in voller Höhe durch Edelmetall gedeckt sein.

Die Kaufleute betrachteten das Indossament lange Zeit mit Vorsicht. Wechselreiterei nennt man es, wenn Wechsel ohne Warenlieferung oder Bareinzahlung ausgestellt werden, nur um zusätzliche Zirkulationsmittel zu schaffen. Dann werden fällige Wechsel, die nicht einlösbar sind, mit neuen Wechseln bezahlt. Diesen liegt oft nicht mehr, wie bei einem guten Wechsel, ein Handelsgeschäft zugrunde, sondern eine alte, uneinlösbare Schuld. Oder es werden gleich faule Wechsel ausgestellt. Diese Gefälligkeitsakzepte oder Kellerwechsel werden einer Bank verkauft, d. h. in barem Gelde eingelöst. Rückt der Zahlungstermin heran, wird der Geldbetrag durch einen neuen Wechsel, der bei einer anderen Bank diskontiert wird, beschafft. Wird auch dieser fällig, kommt eine dritte Bank mit der Diskontierung dran usw. So wird auf Wechseln »geritten«, werden die alten Schulden mit immer neuen Schulden bezahlt – bis der Betrug auffliegt.

Im Laufe der Zeit verlor sich die Angst vor der Anwendung des Wechsels. Im 18. Jahrhundert spielte er eine große Rolle. In England war er bis in das 19. Jahrhundert hinein eine Art allgemeines Zirkulationsmittel geworden. »In den 1820 Jahren behauptete er in Lancashire bei weitem das Übergewicht über die Noten der Bank of England. Es kamen Wechsel von 10 Pfund Sterling mit 120 Indossierungen vor, und man schätzte, dass in Manchester 9/10 des Geldumlaufs durch Wechsel und nur 1/10 durch Gold und Banknoten vermittelt werde.« (Sombart 1987: 528)

Die Anwendbarkeit des Wechsels wurde erhöht, als man ihn diskontieren konnte. Das Diskontgeschäft kommt gegen Ende des 17. Jahrhunderts auf, setzt sich aber erst im 19. Jahrhundert durch. Gläubiger verkaufen das Papier an eine Bank, bevor es fällig wird. Banken, die Wechsel kaufen, nennt man Diskontobanken. Die Diskontierung von Wechseln gehörte von Anfang an zu den Geschäften der Bank von England. Der Wechselkredit erleichterte das Warengeschäft. Der Verkäufer sichert seinen Absatz, indem er Kredit einräumt. Außerdem kann er eigene Zahlungsverpflichtungen mit dem Wechsel begleichen. Der Käufer erhält die Ware, ohne dass er sie sofort bezahlen muss. Er schont seine Liquidität und beschafft sie sich. Der Remittent (der Wechselnehmer) kann seine Ware absetzen und hat folgende Möglichkeiten, den Wechsel zu verwenden: Er kann ihn bis zum Verfallstag aufbewahren. Dies entspricht einer zinsbringenden Anlage. Er kann ihn auch einer Bank unter Abzug des Diskonts (Zinssatz bei Wechselgeschäften) verkaufen. Auf diese Weise beschafft er sich Geld und tritt die Gläubigerposition an die Bank ab. Er kann ihn seinem Lieferer weiterreichen, statt ihn mit »richtigem« Geld zu bezahlen, und damit eigene Verbindlichkeiten begleichen oder er kann den Wechsel kurz vor dem Verfallstag seiner Bank zum Inkasso einreichen. In diesem Fall nimmt die Bank am Verfallstag die Einlösung beim Schuldner wahr.

Konvertible Banknoten

Das Verlangen nach Rationalität und Sicherheit des Zahlungsverkehrs wurde größer in dem Maße, wie der Warenaustausch zunahm und die Geldbeträge wuchsen. Geldfälschungen und Münzverschlechterungen, Unsicherheiten beim Transport, Stürme auf See und auf dem Land, Raubüberfälle, Krankheit und Tod in der Fremde erhöhten das Bedürfnis, wertvolles Goldgeld sicher aufzubewahren. Die vollständige Verdrängung des Metallgeldes aus der Zirkulation wurde durch die Ausgabe von konvertiblen Banknoten erreicht. Goldschmiede, Bankiers und Kaufleute stellten verbrieften Anrechte auf Goldbeträge aus, die sogenannten *Noten*. Bald folgten Regierungen. Sie gaben eigenes Papiergeld heraus. Auf diesen Noten garantierte die Regierung, dass sie die Noten auf Verlangen in Gold umtauschen würde. Historisch muss man sich den Prozess des Rückzuges der Goldmünzen aus der Zirkulation etwa so vorstellen: Goldschmiede bewahrten große Mengen edler Metalle in sicheren Lagerräumen auf. Andere, die solche Möglichkeiten nicht besaßen, baten den örtlichen Goldschmied, diese Schutzfunktion für sie zu übernehmen. Der Goldschmied stellte jedem eine *Quittung* darüber aus, was er von ihm bekommen hatte. Für ihn war das ein lukratives Geschäft. Die Dienstleistung für andere brachte ihm ein zusätzliches Einkommen. Mit der Zeit bemerkten die Goldschmiede, dass die Quittungen, die jederzeit in Gold eingelöst werden konnten, unter den Leuten zu zirkulieren begannen. Sie wanderten von Stadt zu Stadt, von Land zu Land anstelle der Edelmetallmünzen. Wer eine solche Quittung hatte, konnte damit bezahlen. Kaufleute nahmen auf Geschäftsreisen keine Goldmünzen mehr mit. Sie deponierten diese bei ihrem vertrauenswürdigen Goldschmied und bezahlten mit dessen Quittungen (in fernen Ländern) ihre Rechnungen. Solange die Goldschmiede bereit waren, sie in Bargeld einzulösen, erfüllten diese Belege die Zirkulationsmittelfunktion des Geldes. Man akzeptierte sie als Ersatzgeld, als Geldsurrogate. Ihrem Charakter nach handelt es sich um

Kreditgeld. Das sind Belege, die ein Gläubiger-Schuldner-Verhältnis symbolisieren. Sie drücken eine Kreditbeziehung aus: Die Quittung ist eine Bestätigung, dass Edelmetallgeld hinterlegt wurde und die Forderung, es wiederzubekommen. Ob die auf einem Papier verbrieften Zahlungsversprechen auch *allgemein als Geldvertreter* akzeptiert wurden, hing von dem Vertrauen der Öffentlichkeit in den Goldschmied ab, seine im Umlauf befindlichen Zettelchen in Münzen umzutauschen. Musste das Gegenteil befürchtet werden, konnte man mit dem Kreditgeld nichts anfangen. Für die Entwicklung der Banken kam noch ein wichtiger Umstand hinzu: Bis jetzt stand dem Bestand des Goldschmiedes an Münzgeld immer ein gleich hoher Betrag an emittierten und umlaufenden Zahlungsversprechen gegenüber. Der Goldschmied (die spätere Bank) hatte selbst noch kein neues Geld geschaffen, sondern nur Bestätigungen bzw. Anweisungen auf vorhandenes Geld ausgestellt.

Seine Bilanz sah vielleicht so aus:

Aktiva	**Passiva**
Münzen im Tresor: 10 000	Einlagen der Kunden[24]

Bald schon merkten die Goldschmiede, dass sie mehr Zahlungsversprechen ausstellen können, als sie Münzen im Tresor haben. Das liegt

- *erstens* daran, dass die Leute ihnen vertrauen, die Zahlungsversprechen jederzeit in Münzen umzutauschen und
- *zweitens*, weil aufgrund des Vertrauens auch andere Leute einverstanden sind, dass man die Schulden bei ihnen mit Zahlungsversprechen der Goldschmiede bzw. Bankiers statt mit Geld begleicht. Es handelt sich dabei um eine Übertragung der Forderung, um einen Übergang des Gläubiger-Schuldner-Verhältnisses.

24 verbrieft durch zirkulierende Quittungen

- *Drittens* bestätigen die Erfahrungen, dass die Besitzer der Zahlungsversprechen diese normalerweise nicht zum gleichen Zeitpunkt vollständig einzulösen versuchen. Der Goldschmied bzw. die Bank wissen daher, dass sie zu einem gegebenen Zeitpunkt nur einen kleinen Teil ihrer Zahlungsversprechen in Münzen einwechseln müssen. Sie können deshalb ihre Verbindlichkeiten über den Betrag an Goldmünzen ausdehnen, den sie in den Tresoren haben.

  Beispiel:
  Münzen im Tresor: 10 000

Der Erfahrungswert besage, dass täglich höchstens 40 Prozent in Münzen umgetauscht werden. Zahlungsversprechen können dann maximal in Höhe von 25 000 ausgegeben werden, weil 10 000 die benötigte Absicherung (Deckung) sind, nämlich 40 Prozent von 25 000. Der Goldschmied hat eine erregende Entdeckung gemacht: Er kann Geld schöpfen, kann in Form von *Banknoten* Zahlungsversprechen erteilen, für die weder Edelmetalle noch Münzen hinterlegt worden sein müssen. Eine gewisse Münzunterlage (Deckung in Höhe des maximal möglichen Umtauschbegehrens) blieb aber nötig. Eine Währung, bei der die Menge der umlaufenden Noten nur noch zum Teil durch die Geldware Gold gedeckt war, nennt man Goldkernwährung. Im Unterschied zur gemischten Goldumlaufwährung[25], bei der neben Scheidemünzen Banknoten im Umlauf sind, zirkulieren vollwertige Goldmünzen nicht mehr. Von einer Goldkernwährung spricht man auch dann noch, wenn Zentralbanken später unterwertiges Geld nicht mehr in Gold umtauschen, es aber dazu nutzen, Verpflichtungen gegenüber Zentralbanken anderer Länder einzulösen.

25 Eine reine Goldumlaufswährung – der gesamte Geldumlauf besteht aus vollwertigen Goldmünzen – hat es nirgendwo gegeben.

Die Bilanz könnte jetzt so aussehen:

Aktiva	**Passiva**
Münzen im Tresor: 8 000	Umlaufende Banknoten:[26] 6 000
Ausgeliehene Kredite: 8 000	Einlagen der Kunden: 10 000
Summe Aktiva: 16 000	Summe Passiva: 16 000

Die Verbindlichkeiten des Bankiers übersteigen den Bestand an Münzen. Er hat Kredite in Höhe von 8 000 über den Münzbestand hinaus ausgeliehen. Im Beispiel musste er Banknoten im Wert von 2 000 in Münzen einlösen. Deshalb hat sein Bestand an Münzen von 10 000 (siehe Beispiel oben) auf 8 000 abgenommen. Die Leute sind aber bereit, die restlichen 6 000 in Form von Banknoten (= Forderungen an die Bank) zu halten. Der Bankier hat zusätzliche Verbindlichkeiten geschaffen, indem er nur noch die Hälfte seiner Passiva in Form von Münzen hält. Er hat neues Geld geschaffen, welches den Betrag der Münzen in seinem Tresor um 8 000 übersteigt. Aus Sicherheitsgründen muss die Bank einen bestimmten Anteil der Banknoten und Einlagen in Münzen halten. Sie kann also nicht unbegrenzt zusätzliches Geld schöpfen. Banknoten und Einlagen sind ihrem Wesen nach Zahlungsversprechen der Bank. Deshalb stellen sie Kreditgeld dar. Die Banknote symbolisiert ein zweiseitiges Kreditverhältnis: Einerseits ist sie, wenn sie über Kundeneinlagen (Münzen) hinaus ausgegeben wird, ein Kredit der Bank an ihre Kunden. Die Kunden haben keine Gegenleistung erbracht. Dieser Aspekt widerspiegelt sich auf der Aktivseite der Bilanz: Kredite stellen Forderungen der Bank auf Rückzahlung dar. Andererseits ist die Banknote historisch ein Versprechen der Bank, sie in Edelmetallgeld (Münzen) einzulösen. Das widerspiegelt sich auf der Passivseite der Bilanz: Umlaufende Banknoten sind eine Forderung ihrer

26 nicht durch Einlagen gedeckte Zahlungsversprechen

Inhaber auf Münzgeld und damit eine Verbindlichkeit (Verpflichtung) der Bank, dieser Forderung nachzukommen. Wir sehen hier, wie sich das Bankwesen in seinen Anfängen entwickelt hat und dabei neue Formen des Geldes bzw. Geldstellvertreter entstehen. Die Banken schaffen Verbindlichkeiten, die in der Wirtschaft als Geld zirkulieren. Dieses Kreditgeld – Geld, das anderes Geld fordert – wird nach und nach zu einem immer größeren Bestandteil der gesamten Geldmenge. Einzigartig dabei: Banken können mehr Kredite vergeben, als sie an Bargeld besitzen. Und: Banknoten bezahlen Waren, zirkulieren ähnlich wie Wechsel, denen sie überlegen sind, weil sie keinen Verfallstermin haben, unbefristet umlaufen, auf runde, gut abzählbare Beträge ausgestellt sind und von ihrem Inhaber jederzeit zum Umtausch gegen Edelmetallgeld vorgelegt werden können. Darauf beruht ihre Fähigkeit, sich längere Zeit in der Zirkulation aufzuhalten und den Warenaustausch zu vermitteln. Sie sind die wichtigste Form des Kreditgeldes.

Unkonvertierbares Papiergeld

Das unkonvertierbare Papiergeld umfasst die uneinlösbaren Banknoten und das Geld, das der Staat mit einen Annahmezwang versehen hat. Sobald die Regierung oder die Zentralbank erklären, dass sie die Noten nicht mehr konvertieren, d. h. in Gold umtauschen, ändert sich deren Charakter. Sie sind kein Kreditgeld mehr, dokumentieren keine Gläubiger-Schuldner-Verhältnisse. Man sieht ihnen den Wesenswandel nicht an. Sie behalten ihr Äußeres bei. Es ist derselbe Stoff, dasselbe Papier. Aber sie sind nicht wie die umtauschbaren Banknoten Forderungen auf Gold, sondern lösen als ein Geld mit Annahmezwang Gläubiger-Schuldner-Verhältnisse endgültig auf. Ursprünglich in Geldware Gold oder Silber einlösbare Banknoten wandelten sich in uneinlösbares staatliches Papiergeld. Fast alle Regierungen zogen sich in den Währungswirren nach dem Ersten Weltkrieg und während der Weltwirtschaftskrise

1929-1933 auf diese bequeme Position zurück. Vorher wurden schon der amerikanische Unabhängigkeitskrieg (1775-1783), die französischen Revolutionen (1789-1794 und 1848-1850) und andere Kriege durch die Ausgabe von staatlichem Papiergeld finanziert. In Preußen existiert Papiergeld mit Zwangskurs, sagt Marx. »Diese Papiertaler sind keine Anweisungen auf Silber, sind bei keiner Bank gegen es legal austauschbar etc. Sie werden von keiner Handelsbank auf Wechsel geliehn, sondern von der Regierung bei Bestreitung ihrer Ausgaben ausgezahlt. Aber ihre Denomination ist die des Silbers. Ein Papiertaler sagt aus, denselben Wert zu repräsentieren als ein Silbertaler. Würde entweder das Vertrauen in die Regierung gründlich erschüttert oder würde dies Papiergeld in größren Proportionen ausgegeben als die Bedürfnisse des Umlaufs erheischen, so hörte der Papiertaler auf, in der Praxis dem Silbertaler gleichzustehn, und wäre depreziiert, weil unter den Wert herabgesunken, den sein Titel aussagt.« (MEW 42: 67f) Das »fliegende Geld«, wie die Chinesen ihr Staatspapiergeld nannten, soll dort bereits seit etwa 807 u.Z. im Gebrauch gewesen sein. Regierungen verboten privaten Institutionen Papiergeld auszugeben und erhoben das ihrige zum gesetzlichen Zahlungsmittel. Durch die Beseitigung der Umtauschpflicht lockern sich die historischen Beziehungen zum Gold und Silber. Die papiernen Symbole des Goldgeldes sind wertlos. Und da es keine Pflicht zum Umtausch gibt, muss der Staat deren Annahme kraft Gesetzes anordnen. Sonst wären sie nicht zirkulationsfähig. »Ein bestimmtes relativ wertloses Ding, Stück, Leder, Papierzettel usw., wird zunächst gewohnheitsmäßig Zeichen des Geldmaterials, behauptet sich jedoch nur als solches, indem sein Dasein als Symbol durch den allgemeinen Willen der Warenbesitzer garantiert wird, d.h. indem es gesetzlich konventionelles Dasein und daher Zwangskurs erhält. Staatspapiergeld mit Zwangskurs ist die vollendete Form des Wertzeichens, und die einzige Form des Papiergeldes, die unmittelbar aus der metallischen Zirkulation oder der einfachen

Warenzirkulation herauswächst.« (MEW 13: 95) Der Staat erhebt die Symbole zum gesetzlichen Zahlungsmittel, erzwingt so deren Akzeptanz bei Tauschgeschäften. Es ist Symbol, Repräsentant des Gold- oder Silbergeldes, aber kein Anspruch auf dieses. Die juristische Umtauschbarkeit ist aufgehoben. »Papiergeld im strengen Sinne, Papierwährung, ist dann vorhanden, wenn das als Geld funktionierende Wertpapier uneinlöslich ist, d. h. vom Emittenten nicht mit Münzgeld eingelöst werden muss, und wenn es das gesetzliche Zahlungsrecht, den Zwangskurs, in unbeschränkter Höhe hat«, schreibt Philippovich, um fortzufahren: »Mit Rücksicht auf die Person des Emittenten unterscheiden wir Staatspapiergeld, welches vom Staate direkt ausgegeben wird, und Bankenpapiergeld, welches von hierzu gesetzlich ermächtigten Banken, den sog. Notenbanken, ausgegeben wird und an sich nur ein Kreditpapier der Bank ist, dem aber vom Staate durch Verleihung des Zwangskurses und durch Enthebung der Bank von der Verpflichtung zur Einlösung in barem Gelde die allgemeine Umlaufs- und Zahlungsfähigkeit verliehen ist.« (Philippovich 1919: 279) Hinter diese Erkenntnis fallen jene modernen Theoretiker zurück, für die uneinlösliche Banknoten kein Papiergeld sind, sondern den Charakter von Kreditgeld besitzen würden.

Buchgeld

Das Bankkonto markiert einen weiteren Schritt in der Entwicklung des Geldes. Die auf den Bankkonten verbuchten Beträge nennt man Einlagen (Depositen, Guthaben). Im engeren Sinne zählen zum Geld dabei die Sichteinlagen (Sichtguthaben). Das sind Einlagen, über die jederzeit verfügt werden kann. Termin-, Spar- und andere längerfristige Einlagen sind unmittelbar für die Tauschmittelfunktion des Geldes ungeeignet, nehmen aber mehr oder weniger die Funktion der Wertaufbewahrung wahr. Einlagen kommen durch die Einzahlung von Bargeld oder durch eine Kreditgewährung zustande und stellen Ansprüche auf Bargeld dar. Bargeld – das sind heute die unkonvertierbaren Banknoten, also Papiergeld, und die in staatlichen Prägeanstalten gefertigten Münzen. Das eng mit dem Bankkonto verbundene Buchgeld *(auch: Giralgeld)* ist seinem Wesen nach modernes Kreditgeld, also Geld, das anderes Geld repräsentiert und einfordert. Die auf Bankkonten gebuchten Beträge stellen Belege darüber dar, dass eine Bank dem Kontoinhaber Geld schuldet. Diese Belege werden als Geldstellvertreter allgemein akzeptiert. Es ist nun wiederum möglich, dass die Geschäftsbanken auf der Grundlage ihrer Reserven an Zentralbankbargeld ein Vielfaches davon an Krediten in Form von Giralgeld ausleihen können. Hier wiederholt sich ein Vorgang in einer anderen Form, dem wir schon auf einer historisch früheren Ebene begegneten. Es ist bekannt, dass die Banken ein Mehrfaches der Goldreserven an Banknoten in den Umlauf bringen konnten, nachdem sich die Leute daran gewöhnt hatten, mit Noten zu zahlen, ohne diese jedes Mal in Gold einzulösen. Mit dem Giralgeld und dem bargeldlosen Zahlungsverkehr ist es heute ähnlich. Je mehr sich die Leute daran gewöhnen, dass sie auch mit Schecks, Überweisungen und Kreditkarte bargeldlos bezahlen können, je größer ihr Vertrauen in diese Zahlungen ist, umso weniger Anlass haben sie, Geld von ihren Konten bar abzuheben. Je weniger mit Barabhebungen gerechnet werden muss, umso kleiner kann die Reserve an Bargeld sein, die Geschäftsbanken halten müssen. Mit anderen Worten: um ein so größeres Vielfaches der Barreserven kann in Form von Giralgeld geschöpft und in Form von Krediten in den Umlauf gebracht werden. Bargeldlose Bezahlung bedeutet, dass der Rechnungsbetrag vom Konto des Käufers auf das des Verkäufers umgebucht wird. Das Geld auf Bankkonten ist das erste »digitale Geld«, und das schon seit Jahrhunderten. Es wird in Form von Bargeld abgehoben oder auf andere Konten transferiert. Der bargeldlose Zahlungsverkehr ist also keineswegs neu. Er war auch Marx bestens bekannt. Schon zu seiner Zeit wurden neun Zehntel aller kommerziellen Zahlungen bargeldlos mittels Buchgeld abgewickelt. »Alle Geschichte der modernen Industrie zeigt, daß Metall in der Tat nur erheischt wäre zur Saldierung des internationalen Handels.« (MEW 25: 533) Bankkonten und Buchgeld sind sehr viel älter. So konnten in der altbabylonischen Zeit (um 1800 bis 1595 v. u. Z.) Inhaber mittels Anweisungen über ihre Getreidekonten verfügen. Ähnlich im Ägypten der Ptolemäerzeit (3. bis 1. Jh. v. u. Z.). Die staatliche Verwaltung führte Konten für alle, die in ihren Speichern Getreide lagerten. Die Steuer wurde in Korn erbracht und vom Konto abgeschrieben. In Griechenland nahmen nach den Perserkriegen (499 bis 490 v. u. Z.) die Trapeziten von Privatpersonen Depositen an und wickelten in ihrem Auftrag Zahlungen ab. Trapeziten waren Bankiers, die Geldgeschäfte im großen Stil betrieben. In Rom pflegten die Argentarii – professionelle Bankiers – das Depositengeschäft und vermittelten Zahlungen durch Umschreiben in den Büchern. So weit liegen die vereinzelten Anfänge des Buchgeldes und bargeldlose Zahlungen zurück – alles kein Vergleich mit ihrem Ausmaß und ihrer Bedeutung in heutiger Zeit.

Digitales Geld

Die modernste Form des Buchgeldes ist das digitale Geld – auch digitale Währung, elektronisches Geld, Computergeld, Cybergeld oder elektronische Währung genannt. Verstanden wird darunter »jede Währung, jedes Geld oder jeder geldähnliche Vermögenswert, der hauptsächlich auf digitalen Computersystemen, insbesondere über das Internet, verwaltet, gespeichert oder ausgetauscht wird. Zu den Arten digitaler Währungen gehören Kryptowährung, virtuelle Währung und digitale Zentralbankwährung. Digitale Währungen können in einer verteilten Datenbank im Internet, einer zentralen elektronischen Computerdatenbank eines Unternehmens oder einer Bank, in digitalen Dateien oder sogar auf einer Guthabenkarte aufgezeichnet werden. Digitale Währungen weisen ähnliche Eigenschaften wie traditionelle Währungen auf, haben aber im Allgemeinen keine physische Form, im Gegensatz zu Währungen in Form gedruckter Banknoten oder geprägter Münzen. Das Fehlen einer physischen Form ermöglicht zeitnahe, sofortige Transaktionen über das Internet und beseitigt die Kosten, die mit der Verteilung von Banknoten und Münzen verbunden sind. Normalerweise werden virtuelle Währungen nicht von einer staatlichen Stelle ausgegeben, gelten nicht als gesetzliches Zahlungsmittel und ermöglichen eine Eigentumsübertragung über Regierungsgrenzen hinweg.«[27]

Wie einst Kredit- und Papiergeld das Metallgeld verdrängten, werden heute Banknoten und Münzen durch die Zunahme von Girokonten, Schecks und Kreditkarten aus der Zirkulation gedrängt. Die Art der bargeldlosen Zahlung und Vermittlung des Warentausches ändern sich. Seit Mitte des 20. Jahrhunderts ermöglichen elektronische Datenverarbeitungsanlagen der dritten Generation,[28] das Buchgeld weiterzuentwickeln. Neue Kommunikations- und Informationssysteme verändern das Bankwesen, die Zahlungs- und Verrechnungsmodalitäten. Auf einer vorläufig letzten Stufe der Geldentwicklung entsteht das »elektronische« oder »digitale« Geld. Eng verbunden mit den revolutionären Fortschritten in der Rechner- und Kommunikationstechnik existiert es als ein entsprechend belegter Speicherplatz in modernen Rechenzentren. Es ist das (Buch-)Geld

---

27 Wikipedia, Eintrag: Digital currency, abgerufen am 17.11.2021.

28 Datenverarbeitungsanlagen der 1. Generation sind Röhrenrechner gewesen (1946), die der 2. Generation basieren auf Transistoren (1956), die der 3. Generation auf integrierten Schaltungen, wobei die Kernfunktionen der Computer durch ein Mikroprogramm gesteuert werden (1965). Datenverarbeitungsanlagen der 4. Generation basieren auf hochintegrierten Schaltungen. Es handelt sich um Mehrprozessorsysteme, Schnellspeicherkonzepte, Datenfernverarbeitung, Datenbanksysteme und standardisierte Betriebssysteme (1972). Die neueste Entwicklung (5. Generation) geht hin zu wissensbasierten Systemen und zur künstlichen Intelligenz (ab 1980). (Computer History Online, www.weller.to/his/h05-erste-computer.htm, abgerufen am 05.11.2021)

des computerbasierten »High-Tech-Kapitalismus« (Haug), die modernste Art des Kreditgeldes. Es ist kein gesetzliches Zahlungsmittel wie Bargeld. In Deutschland sind »auf Euro lautende Banknoten das einzige unbeschränkte gesetzliche Zahlungsmittel.«[29] Der Kreditgeldcharakter zeigt sich darin, dass elektronisches Geld eine Forderung gegen die ausgebende Stelle ist. Sie wird gegen Bezahlung mit Zentralbankgeld erworben, auf einem Datenträger gespeichert und von anderen Unternehmen als der ausgebenden Stelle als Zahlungsmittel akzeptiert. Was für jedwedes Kreditgeld gilt, trifft auch für das elektronische Geld zu: Zahlungspflichtige und Zahlungsempfänger sind nicht verpflichtet, eine Zahlung in elektronischem Geld zu leisten bzw. anzunehmen. Und der Inhaber kann von der ausgebenden Stelle den Rücktausch des elektronischen Gelds in Münzen und Banknoten oder in Form einer Überweisung auf ein Bankkonto verlangen. Bei diesem jüngsten Geld handelt es sich um »elektronische Werteinheiten, die auf einem Medium gespeichert sind. Diese können allgemein genutzt werden, um Zahlungen an Unternehmen zu leisten, die ***nicht*** zugleich die Emittenten sind.« (EZB 1998: 8) Die Zahlungstransaktion muss nicht notwendigerweise über Bankkonten erfolgen. Die Werteinheiten auf dem Speichermedium können auch als vorausbezahltes Inhabergeld verwendet werden, ohne dass Banken in Anspruch genommen werden. Prepaid-Karten fürs Telefonieren zählen nicht zum elektronischen Geld, weil Herausgeber und Akzeptant der Werteinheiten identisch sind. Zwar sind die Werteinheiten auch bei Telefonkarten im Voraus bezahlt worden. Aber diese Vorauszahlung kann nur für eine bestimmte Dienstleistung genutzt werden, weil der Herausgeber identisch ist mit dem, der das Geld erhält, z. B. die Deutsche Telekom. Auch diverse Konstruktionen, die lediglich auf elektronischem Wege den Zugang zu den herkömmlichen Formen des Buch-

29 § 14 Abs. 1 Satz 2 Bundesbankgesetz

geldes wie etwa zu den Sichteinlagen ermöglichen, sind kein elektronisches Geld. Sie sind, wie in Deutschland die Eurocheque-Karte, individuelle Hilfsmittel des Zahlungsverkehrs. Das elektronische Geld tritt in zwei Formen auf: Erstens als »kartengestützte Produkte«, auf denen Kaufkraft gespeichert ist, für die der Kunde vorab gezahlt hat (Werteinheiten auf vorausbezahlten Karten), zweitens als »softwaregestützte Produkte«, die der Übertragung elektronisch gespeicherter Werteinheiten über Telekommunikationsnetze, z. B. über das Internet, dienen.

Eine Zeitlang waren kartengestützte Systeme zur Zahlung im Internet populär: Mittels Kartenlesegerät, das mit dem PC des Zahlenden verbunden ist, kann auf Karten gespeichertes Geld über den Computer und das Internet versendet werden.

Über Jahre weit verbreitet war die Speicherung von Geld auf dem Chip einer Plastikkarte. Bekanntestes Beispiel für Kartengeld in Deutschland ist die Geldkarte. Sie wurde bis Ende 2020 vom Zentralen Kreditausschuss der Banken (ZKA) herausgegeben. Ältere Bankkarten enthalten einen integrierten Chip, auf den in Deutschland am Geldautomaten Beträge bis zu 200 Euro geladen werden können. Akzeptanzstellen der Geldkarte sind Zigarettenautomaten, Parkhäuser, und Nahverkehrsautomaten, wo Kleinbeträge gezahlt werden. Dieses Verfahren läuft 2024 aus.

Im Internet genutztes Geld wird als »*Netzgeld*« (Cyberwallet) bezeichnet. Es ist die modernste Form, Bargeld und das klassische Giralgeld aus der Zirkulation zu verdrängen. Es wird auf selten lokal, meist jedoch auf einem Online-Konto gespeichert und von dort aus für Zahlungen genutzt. Netzgeld erhält man, indem konventionelles Buchgeld zum Herausgeber des Netzgeldes, i. d. R. eine Bank, transferiert. Alternativ können Guthabenkarten (z. B. von Apple oder Google Pay) im Einzelhandel erworben werden. Der Herausgeber übermittelt den entsprechenden Gegenwert in Form von elektronischem Geld an den Kunden. Im Mittelpunkt des digitalen Zahlungsverkehrs steht ein elektronisches Konto, auf das über einen PC, ein

Tablet oder Smartphone zugegriffen werden kann. Dort wird Geld *vor* seiner Verwendung abgelegt, das dann für Zahlungen im Internet und seit geraumer Zeit auch vermehrt im Einzelhandel oder an Automaten zur Verfügung steht. Wer Netzgeld nutzen will, lädt also elektronische Zahlungseinheiten, die er vorher an den Netzgeldbetreiber, den Emittenten des Netzgeldes, bezahlt hat. Er kauft quasi Netzgeld mit »richtigem« Geld. Elektronisches Geld entsteht grundsätzlich nur durch Tausch mit Zentralbankgeld. Die Speicherung beim Kunden erfolgt mit Hilfe von komplizierten Verschlüsselungsverfahren, um sicherzustellen, dass die umfangreichen (Sicherheits-)Anforderungen erfüllt werden können. Das übermittelte elektronische Geld ist eine Forderung gegenüber dem Herausgeber, die bei einem Zahlungsvorgang an den Empfänger des zahlungspflichtigen Kunden übertragen wird. Der Empfänger (Gläubiger) kann das elektronische Geld beim Herausgeber in Bankguthaben oder Buchgeld umtauschen.

Darüberhinaus spielen Zahlungsdienstleister wie PayPal oder Klarna eine wachsende Rolle. Diese bieten sowohl Netzgeld wie auch die Abwicklung von Zahlungen mittels klassischem« Lastschriftverfahren oder Kreditkarten an. Banken und Sparkassen verknüpfen diese Dienstleister zunehmend in ihrem Online-Banking.

Auch die kommenden Jahre werden rasant, was die diesbezüglichen technischen Innovationen angeht. Mutmaßlich werden immer neue Zahlungsdienstleister auftauchen, die sich Ihren Anteil (einbehaltene Transaktionskosten) sichern.

Zeitpunkt des Übergangs der Ware

In diesem Sinne ist Netzgeld ein Zahlungsmittel der Kategorie »pay before«. Vom Zeitpunkt der Beschaffung elektronischer Werteinheiten an, vor dem Kaufzeitpunkt also, verzichtet der Erbringer der Zahlung darauf, sein Geld anderweitig anzulegen.

Abbildung: Zahlungsverkehr im Internet

Vorauszahlung	Kassa	Stundung/Kredit
pay before	*pay now*	**pay later**
chipkartenbasiert	PayPal, Klarna u.a.	Kreditkarte
Elektr. Wallet	Elektr. Lastschriftverfahren	Abbuchungsverfahren
Vorkasse	Sofort-Überweisungen	Rechnungskauf

Die Abbildung zeigt vereinfacht das Zahlungsverkehrsumfeld im Internet. Die Zahlungen werden wie gewöhnlich durchgeführt. Doch müssen bei vielen Zahlungsarten weder Bar- noch Buchgeld bewegt werden. Stattdessen wird direkt von Speicher zu Speicher übertragen. Die Entwicklung des World Wide Web hat den unbaren elektronischen Zahlungsverkehr möglich gemacht. Man unterscheidet Vorauszahlung (Prepaid), die chipkarten- und softwarebasiert erfolgen kann. Bei zeitgleicher Zahlung (pay now) werden Bankkonten über Online-Sofort-Überweisungen oder elektronisches Lastschriftverfahren (oft via Zahlungsdienstleister) in Anspruch genommen. Zahlungen können im Nachhinein per Sammelrechnung gebucht werden.

Kryptowährungen

Digitale Währungen wie der populäre Bitcoin, Ripple, IOTA, Litecoin, Etherum, Mokonero, Fan-Token usw. – mittlerweile gibt es annähernd 10 000 Arten weltweit[30] – sind eine Form des Netzgeldes und können an Börsen gehandelt werden. Ob sie »richtiges« Geld sind, wird eher bezweifelt, dass sie Spekulationsobjekt sind, ist gewiss. Nur wenige Tage bevor Lionel Messi 2021 offiziell für Paris Saint Germain unterschrieben hatte, meldete der Verein ein hohes Handelsvolumen der Kryptowährung Token. Der argentinische Fußball-Nationalspieler

30 Statista, Anzahl verfügbarer Kryptowährungen weltweit in ausgewählten Monaten von Juni 2013 bis Januar 2022, 12.1.2022, statista.com

erhielt u. a. Fan-Token-Zahlungen von seinem neuen Club. Der Wert des Tokens stieg in nur fünf Tagen um über 130 Prozent, nachdem bekannt wurde, dass Messi zum Pariser Club wechseln würde.

Das englischsprachige Wikipedia zählt Kryptowährungen zum digitalen Geld, das deutsche nicht. Kein elektronisches Geld »sind … so genannte Kryptowährungen wie Bitcoin.«[31] Stephan Kaufmann schreibt, Bitcoins sind »eigentlich kein Geld. Und das weiß auch jeder, hält es aber geheim. Mit ›Kryptogeld‹ ist es wie mit dem Weihnachtsmann: Eigentlich weiß jeder, dass es ihn nicht gibt. Trotzdem tun alle so, als käme er regelmäßig vorbei.«[32] Gemessen an den Wesensmerkmalen und Funktionen des Geldes ist das korrekt. El Salvador hat im September 2021 als erstes Land der Welt den Bitcoin als offizielles Zahlungsmittel eingeführt. Auch wenn einige Länder eine Regelung vorbereiten, ist das »Kryptogeld« Ende 2021 andernorts noch kein gesetzliches Zahlungsmittel. Bitcoins existieren anders als Euro, Yen, Dollar und alle Papierwährungen der Welt nicht physisch, sondern nur digital, virtuell. Sie sind nicht abgesichert durch Gold, staatliche Institutionen oder Zentralbanken, werden von Privatpersonen oder privaten Institutionen geschaffen und in den Umlauf gebracht, gedacht als Alternative zum herkömmlichen Geldsystem, besonders zur scheinbar unbegrenzten Fähigkeit der Zentralbanken, Geld zu schöpfen. Mit Krypto-Assets, den digitalen Werteinheiten, können Personen und Unternehmen ihre Geldtransaktionen untereinander direkt abwickeln, ohne Dienste der Banken oder Geldkartenunternehmen in Anspruch nehmen zu müssen. (Schuhler 2020: 5) »Krypto« kommt aus dem Griechischen und bedeutet so viel wie »geheim« oder »verborgen«. Die Nutzer des »Kryptogeldes« bleiben bei Überweisungen oder beim Handel anonym, wodurch die

31 Wikipedia, Eintrag: Elektronisches Geld, abgerufen am 7.11.2021

32 nd.DieWoche, 29./30.5.2021, S. 2

Geldwäsche, die durch die Abschaffung des Bargeldes erschwert werden soll, erleichtert wird. Sie treten bei Überweisungen ausschließlich über kryptografische Schlüssel – Kombinationen aus Zeichen und Buchstaben – in Verbindung. Andererseits sind alle Bitcoin-Transaktionen öffentlich und dauerhaft im Netz gespeichert. Jeder kann den Saldo und die Transaktionen jeder Bitcoin-Adresse einsehen. Und jeder Bitcoin, der jemals versendet wurde, kann bis zu dem Zeitpunkt seiner Schürfung zurückverfolgt werden.[33] Man muss sich den Bitcoin als ein Buch vorstellen, schreibt Hermannus Pfeiffer, »das immer weiter fortgeschrieben wird. Es heißt Blockchain.«[34] Jeder Eintrag besteht aus mehreren Informationen, die zusammengefügt einen Block ergeben. Diese Blöcke werden hintereinander gereiht, indem der neueste Block mit dem vorherigen kryptografisch verkettet wird. So entsteht die Blockkette (Blockchain). Mit jedem neuen Block aktualisiert sich die Kette auf jedem Knoten im Blockchain-Netz. Jeder Teilnehmer des Netzwerks verfügt über die gleichen Informationen und Voraussetzungen, um am System teilzunehmen und neue Informationen hinzuzufügen. Einträge sind irreversibel, sie können nicht mehr geändert werden.[35] Jede Geldeinheit besteht aus angeblich fälschungssicher verschlüsselten Datenblöcken. Bei jedem Zahlungsvorgang wird ein neuer Block angehängt und bildet eine neue Seite der gemeinsamen Buchhaltung. Das System kommt ohne zentrale Banken aus, auf lange Sicht könnte es sogar Banken überflüssig machen, so Pfeiffer. (ebd.) Blockchain basiert auf einer simplen Peer-to-Peer-Datenbank (P2P), bei der alle Teilnehmer gleichberechtigt sind und direkt miteinander agieren bzw. kommunizieren. Es gibt kein zentrales Institut, das »Krypto-

---

33 Bitcoin & Co.: Digitalwährungen auf dem Prüfstand, sparkasse.de/themen/geldanlage/bitcoin.html [ohne Datum], abgerufen am 3.9.2021

34 neues deutschland, 23.8.2017, Geld und Versicherung, Ratgeber, S. 7

35 Was ist eine Blockchain?, cryptolist.de/was-ist-blockchain [ohne Datum], abgerufen am 1.9.2021

geld« reguliert, kontrolliert, steuert oder die Konten verwaltet. Jeder Block enthält einen komplizierten Schlüssel, die sogenannte Difficulty (Schwierigkeit). Sie wird mit aufwendiger, stromfressender Computertechnik erzeugt.[36] Bitcoin-Mining ist die Schaffung neuer Einheiten der digitalen Währung. Im Jahr 2018 wurde berechnet, dass der Stromverbrauch des Minens allein von Bitcoins weit über dem Stromverbrauch von ganz Dänemark gelegen habe.[37] Laut Bundesbank entspricht eine einzige Bitcoin-Transaktion dem monatlichen Stromverbrauch eines Einfamilienhaushalts in Deutschland. Das bedeutet eine immense Belastung für Klima und Umwelt. Wie gravierend dieses Problem tatsächlich ist, zeigt das Beispiel Island: »Laut dem Energieunternehmen HS Orka verbrauchen die dort ansässigen Bitcoin-Produzenten in einem Jahr mehr Strom als alle Privathaushalte zusammen.«[38] Uwe Burkert, Chefvolkswirt der Landesbank Baden-Württemberg sagt, durch das Mining von Kryptowährungen könnte die Erderwärmung in den kommenden 30 Jahren um zwei Grad zunehmen.[39] Die Miner, also die Schürfer, sind Teilnehmer am Blockchain-Netzwerk, die freiwillig ihre Rechenleistungen zur Verfügung stellen. Rechenleistungen sind nötig, um die Blöcke zu schaffen und das System am Laufen zu halten. Um zu gewährleisten, dass es genügend Miners gibt, erhalten sie für ihre Leistungen eine Transaktionsgebühr und eine Prämie.

Will jemand Bitcoins erwerben, muss er sie entweder als Zahlungsmittel für seine Leistung akzeptieren oder »reguläres« Geld an den jeweiligen Herausgeber des »Kryptogeldes« überweisen. Möglich ist das in Online-Wechselstuben und auf

---

36 nd.DieWoche, 19./20.6.2021, S. 20

37 Basler Zeitung, 6.11.2018

38 Bitcoin & Co.: Digitalwährungen auf dem Prüfstand, sparkasse.de/themen/geldanlage/bitcoin.html [ohne Datum], abgerufen am 3.9.2021.

39 Vgl. ebd.

Internet-Marktplätzen wie Bitcoin.de. In Europa handelt es sich um das E-Geld-Institut oder eine herausgebende Bank. Der Herausgeber übermittelt den äquivalenten Gegenwert in Form von elektronischem Geld an den Kunden. Auf Internet-Marktplätzen erwerben Interessenten Bitcoins und andere Kryptowährungen, indem sie dort ein Konto einrichten, das mit ihrem Bankkonto verbunden wird. So kann man Bitcoins kaufen und verkaufen. Bitcoins sind also nichts weiter als vom Computer errechnete Zeichenfolgen, die mit Hilfe digitaler Signaturen verschlüsselt werden. Die Speicherung beim Kunden erfolgt mit Hilfe von komplizierten Verschlüsselungsverfahren, um sicherzustellen, dass die Sicherheitsanforderungen erfüllt werden können.

Am Anfang (2009) wurde ein Bitcoin manchmal noch verschenkt. Ende des Jahres entsprach er gerade mal 0,08 US-Dollar.[40] Zum ersten Mal wurde der Bitcoin für mehr als einen Dollar im Jahre 2011 gehandelt. Anfang 2013 war er 15 Dollar wert gewesen; im Dezember des gleichen Jahres kostete er schon 900 Dollar, bis Ende 2014 fiel er auf 320 US-Dollar. Danach erreichte er Spitzenwerte von bis über 60 000 Dollar im Frühjahr 2021. Anfang September 2021 war er auf 41 000 Dollar gefallen, stieg danach bis November des Jahres erneut über 60 000 Dollar. Offenbar ist die virtuelle Währung zunächst ein enorm riskantes Spekulationsobjekt und der Bitcoin-Boom eine Spekulationsblase, getragen von der Erwartung einer steigenden Nachfrage. Unstetigkeit, das ständige Auf und Ab des Kurses sind keine guten Voraussetzungen, damit der Bitcoin Geldfunktionen wahrnehmen kann, auch wenn manchmal angekündigt wird, so z. B. von der Internet-Handelsplattform Ebay, das Kryptogeld eines Tages als Zahlungsmittel eventuell zu akzeptieren.[41] PayPal hat den Bitcoin seit Januar 2021 als

40 coin-update.de/bitcoin-kurs, abgerufen am 1.9.2021

41 Ebay: Können Kunden bald mit Kryptowährung bezahlen?, Redaktionsnetzwerk Deutschland, 4.5.2021, rnd.de

Zahlungsmittel akzeptiert, wenn auch zunächst nur gegenüber US-amerikanischen Kunden.[42] Die Bitcoin-Währung besitzt einen eingebauten Inflationsschutz: Die Ausgabe der »virtuellen Münzen« soll auf 21 Millionen Stück begrenzt bleiben. Das übermittelte elektronische Geld ist eine Forderung gegenüber dem Herausgeber, die bei einem Zahlungsvorgang an den Empfänger übertragen wird. Es hat somit Ähnlichkeit mit dem Kreditgeld, einer Forderung auf »richtiges« Geld, das Gläubiger-Schuldner-Verhältnisse beendet. Der Empfänger des »Kryptogeldes« kann es beim Herausgeber in Bankguthaben, also in Buchgeld umtauschen. Er kann das Cybergeld auch in andere Währungen tauschen. Der Bitcoin, von dem noch 2014 die meisten Deutschen nichts gehört hatten, sei absolut fälschungssicher, behaupten dessen Anhänger. Die Blockchain-Technologie gilt als betrugssicher, weil sie stets die komplette Historie an Informationen speichert und aktualisiert, die jemals innerhalb des Systems aufgetreten sind. Die Informationen werden nicht zentral, sondern dezentral gespeichert, d. h. separat bei vielen einzelnen Teilnehmern. Um dieses System zu manipulieren, müsste also theoretisch jede einzelne Blockkette an Informationen bei allen Teilnehmern gleichzeitig manipuliert werden, was als so gut wie unmöglich und wenig lohnenswert gilt. Je mehr Teilnehmer eine Blockchain hat, desto sicherer ist sie in der Regel.[43] Bis zum Beweis des Gegenteils mag dies richtig sein. Betrüger sind einfallsreich. Es wird befürchtet, dass kommerzielle Quantencomputer vermutlich eine große Gefahr für die Sicherheit von Kryptowährungen sein könnten, sollten solche entwickelt werden und auf den Markt kommen.[44] Die Medien hatten schon mehrmals von geknackten Bitcoin-

---

42 Paypal macht Bitcoin und Co. zum Zahlungsmittel, 31.3.2021, netzwoche.ch

43 Was ist eine Blockchain?, cryptolist.de/was-ist-blockchain [ohne Datum], abgerufen am 1.9.2021

44 Wikipedia, Eintrag: Kryptowährung, abgerufen am 1.9.2021

Konten berichtet, als im Februar 2014 die japanische Bitcoin-Wechselbörse Mt. Gox Inolvenz anmeldete. Hacker hatten ihr 750 000 Bitcoins von Kunden und 100 000 eigene gestohlen. Der Gesamtwert des Schadens: 350 Millionen Euro. Aufgrund der Verschlüsselungstechnik von Bitcoins ist es schwierig bis unmöglich, den Diebstahl rückgängig zu machen und das virtuelle Geld den Besitzern zurückzuerstatten. Carl-Ludwig Thiele, von 2010 bis 2018 im Vorstand der Bundesbank, meint, die Plünderung habe das Vertrauen in Bitcoins geschwächt, und für viele die Zukunft der »Internetwährung« infrage steht, wiegeln andere ab. Der deutsche Bitcoin-Pionier Jörg Platzer sieht durch den Konkurs das Vertrauen in die digitale Währung nicht gefährdet. Dem *Wallstreet Journal* sagte er: »Ich sehe keinen großen Vertrauensverlust. Mt. Gox ist ein Unternehmen, das hat Fehler gemacht und ist bestohlen worden. Das ist wie wenn du deine Dollars einem Maddoff gibst, und der brennt damit durch, dann lässt das keinen Rückschluss auf den Dollar zu. Oder wenn bei der Commerzbank die Schließfächer ausgeraubt werden, und das Gold ist weg, dann lässt das keinen Rückschluss auf Gold zu. Wenn man Mt. Gox Bitcoins anvertraut und sie lassen sich bestehlen, lässt das keinen Rückschluss auf Bitcoins zu.«[45] In diesem Sinne titelt das *Handelsblatt*: »Mt. Gox ist tot, es lebe der Bitcoin!«[46] Ob das virtuelle Geld eine ernstzunehmende Konkurrenz für Dollar, Euro und Yen darstellt, kann bezweifelt werden, weil es an die Papierwährungen gekoppelt ist. Und da es größtmögliche Anonymität ermöglicht, zieht es Drogenhändler, Waffenschieber und gewöhnliche Kriminelle wie Schmeißfliegen an. Doch völlig anonym sind Bitcoins nicht, wie schon gesagt. Zwar müssen die Beteiligten am Bitcoin-Netzwerk keine persönlichen Daten eingeben. Aber

---

45 Vgl. Bitcoin-Wechselbörse Mt. Gox meldet Konkurs an, zdnet.de, 28.2.2014

46 Handelsblatt, 27.2.2014

alle Transaktionen sind öffentlich einsehbar. Möglich, dass es als Kreditgeld neuester Art und Spekulations- und Anlageobjekt nicht mehr verschwindet.

Mitte 2019 kündigte Facebook an, gemeinsam mit anderen Unternehmen aus der Finanz- und Digitalbranche eine eigene Währung einführen zu wollen. Meta Platforms, eine US-amerikanische Gesellschaft, zu der Facebook, Instagram oder WhatsApp gehören, gibt inzwischen die Internetwährung Diem (bis November 2020 Libra) heraus. Der Diem ist ein ergänzendes Internetgeld und kann neben dem offiziellen, »richtigen« Geld als Tauschmittel genutzt werden. Nutzer kaufen ihn mit ihrer Landeswährung. Facebook hat mit den Daten von 2,7 Milliarden Kunden ein riesiges Ausbeutungsfeld. Wenn jeder dieser Kunden im Jahr 100 Bezahlvorgänge durchführen würde und der Diem-Bezahldienst pro Vorgang 10 Cent berechnete, läge der Umsatz bei 27 Milliarden Euro oder Dollar. (Schuhler 2020: 9) Inhaber von Diems gehen eine Reihe von Risiken ein, worauf Wikipedia hinweist. Neben dem Wechselkursrisiko gibt es keinen Anspruch auf einen Umtausch in etablierte Währungen.[47] Außerdem ermöglichen die Kundendaten die totale Überwachung: was man isst, trinkt, kauft, wohin man fährt, was man liest, wie man sich kleidet und welche Krankheiten einen plagen – Diem weiß alles.

Kommt der digitale Euro?

Unternehmen, die ihre eigene Währung herausgeben, treffen weltweit auf den Widerstand vieler Politiker, Regulierungs- und Finanzaufsichtsbehörden. Ohne Zustimmung der Staaten sind die Chancen gering, eigenes, privates Internetgeld zu kreieren. Staaten sind in der stärkeren Position. Sie wollen sich die Hoheit in der Geld- und Währungspolitik weiterhin sichern, ohne privates Internetgeld zu verhindern. So verkündete die chinesi-

---

47 Wikipedia, Eintrag: Diem (Internetwährung), abgerufen am 6.11.2021

sche Regierung Ende Mai 2020, als erstes Land der Welt, bald eine digitale Zentralbankwährung herauszugeben. Man arbeite an einer eigenen Digitalwährung, der CBDC (Central Bank Digital Currency). Der elektronische Yuan wird mittlerweile in mehreren Städten getestet und kann als Zahlungsmittel bei einer Online-Plattform eingesetzt werden. Anfang des Jahres 2020 hatte die Europäische Zentralbank (EZB) bekannt gegeben, digitales Zentralbankgeld einführen zu wollen. Diese Ankündigung galt vor allem als Reaktion auf die Pläne von Facebook. Um die Gefahr einer solchen privaten Konkurrenz für ihre Währungen abzuwenden, hat sich die EZB mit den Zentralbanken von Schweden, Kanada, Großbritannien und der Schweiz zusammengetan und mit der Bank für Internationalen Zahlungsausgleich eine Arbeitsgruppe gebildet. Sie soll die Voraussetzungen und die optimale Ausgestaltung von digitalem Zentralbankgeld untersuchen. Die Europäische Zentralbank startete im Juli 2021 ein Projekt, das, auf zwei Jahre befristet, technische, rechtliche Aspekte und solche des Datenschutzes eines digitalen Euro prüfen soll. Mit seiner Einführung droht eine komplette Überwachung des Zahlungsverhaltens eines jeden Nutzers. Ein konkretes Datum für die Einführung der staatlichen Digitalwährungen gibt es noch nicht. Aber vor 2025 ist mit dem elektronischen Euro zurzeit nicht zu rechnen. Auch ist noch nicht klar, in welcher Form er kommen könnte. Wird er das Bar- und Buchgeld ergänzen oder soll er das Bargeld ersetzen? Ein digitaler Euro könnte zentral organisiert sein, Privatpersonen und Unternehmen erhielten dann direkt ein Konto bei der Zentralbank. Dies stellte einen gewissen Affront gegen die Geschäftsbanken dar, die dadurch ihre Girokonten verlören, im ungünstigsten Fall überflüssig würden oder sich eine strengere Kontrolle der Zentralbanken gefallen lassen müssten. Die Zahlvorgänge liefen per Smartphone oder den PC über ein EZB-System. In einer abgeschwächten Version würden die Geschäftsbanken ihre Befugnisse behalten, wie bisher eigenes Kreditbuchgeld schöpfen und die EZB das Giralgeld auf den Geschäftsbankenkonten sichern. Die Verbraucher würden den digitalen Euro von ihrer Hausbank bekommen. Sie könnten über eine Bargeld-App auf ihrem Smartphone auf ihn zugreifen und überall mit ihm bezahlen. Im Rahmen eines Vollgeldkonzepts würde sich die Zentralbank auch das Recht der letzten währungspolitischen Autorität sichern, wenn der digitale Euro über die Geschäftsbanken zur Verfügung gestellt würde. (Schuhler 2020: 12; Pauli 2021: 16) Das umstrittene Vollgeldkonzept besagt, dass die Zentralbanken außer Bargeld, den gesetzlichen Zahlungsmitteln, auch das Buchgeld emittierten. Eine Buchgeldschöpfung der Geschäftsbanken wäre dann ausgeschlossen. Wie auch immer die künftige konkrete Gestaltung digitaler Zahlungssysteme und Währungen aussehen mag: An der Zukunft der virtuellen Währungen als fester Bestandteil des Zahlungs- und Finanzsystems scheint niemand mehr zu zweifeln.[48] Die Tatsache, dass viele Notenbanken an der Schaffung eigener digitaler Währungen arbeiten, zeigt eines deutlich: Sie werden in Zukunft einen festen Platz im weltweiten Zahlungs- und Finanzsystem einnehmen. Die Notenbanken haben den Kampf gegen die privaten Geldschöpfer aufgenommen.

Auf seinem Jahrtausende währenden Weg hat das Geld erstaunliche Wandlungen durchlaufen. Vom wertvollen »Warengeld« wilder Stämme der Urzeit bis hin zu digitalen Informationen in modernen Rechnern hat es unaufhörlich an Wert und Substanz verloren. Wertvolles Warengeld, Gold und Silber, wurden verdrängt von einlösbaren und uneinlösbaren Banknoten, von Papiergeld mit Annahmezwang (Zeichengeld). Dies musste in der Zirkulation dem Buchgeld (substanzloses Symbolgeld) Platz machen und jenes konkurriert in neuerer Zeit

---

48 Bitcoin & Co.: Digitalwährungen auf dem Prüfstand, sparkasse.de/themen/geldanlage/bitcoin.html [ohne Datum], abgerufen am 3.9.2021.

mit elektronischen Zahlungseinheiten. Das modernste Geld existiert in Form von Bits und Bytes in Computern. Welch' ein Wandel der Formen: Rinder, Muscheln, Speerspitzen, Eisen, Kupfer, Silber, Gold, Banknoten und rechentechnische Informationseinheiten, das alles ist Geld, legten wir den Geldbegriff sehr großzügig aus.

Wie aus Geld Kapital wird

Für viele ist Geld gleich Kapital, weil Kapital zuallererst in Geldform auftritt. Man muss jedoch Geld als Geld und Geld als Kapital auseinanderhalten. Aber nicht so wie die bürgerliche Ökonomie. Sie nennt kurzfristig verfügbare Finanzierungsmittel Geld, langfristige Kapital. Der Unterschied zwischen Geld und Kapital ist nicht zeitlicher Art. Das Geld ist das letzte Produkt der Warenzirkulation und es ist die erste Erscheinungsform des Kapitals. »Historisch tritt das Kapital dem Grundeigentum stets als Geldvermögen entgegen, Kaufmannskapital oder Wucherkapital. Jedoch bedarf es nicht des Rückblicks auf die Entstehungsgeschichte des Kapitals, um das Geld als seine erste Erscheinungsform zu erkennen. Dieselbe Geschichte spielt sich täglich vor unsren Augen. Jedes neue Kapital betritt in erster Instanz die Bühne, d.h. den Markt, Warenmarkt, Arbeitsmarkt oder Geldmarkt, immer noch als Geld, Geld, das sich durch bestimmte Prozesse in Kapital verwandeln soll.« (MEW 23: 161) Welche Prozesse sind das? Das Geld als Geld, wie es zunächst in der einfachen Warenproduktion auftrat und in der kapitalistischen Warenproduktion erhalten bleibt, unterscheidet sich vom Geld als Kapital zuerst nur durch seine unterschiedliche Zirkulationsform. Für die einfache Warenzirkulation gilt: W – G – W (Ware – Geld – Ware). Eine Ware wird verkauft, um eine andere Ware zu kaufen. Das Geld vermittelt einen Prozess, dessen Ausgangs- und Endpunkt jeweils eine Ware ist. Anders, wenn Geld als Kapital auftritt. Die Zirkulation des Geldes als Kapital beginnt und endet mit einer Geldgröße: G – W – G' (Geld – Ware – mehr Geld). Ziel der Transaktion ist keine Ware, Ziel ist das

Geld selbst, ist mehr Geld, als am Anfang in die Zirkulation geworfen wurde. Die Formel für die Zirkulation des Geldes als Kapital lautet: G–W–G', wobei G' = G + g', G die vorgeschossene Geldmenge und g' der Geldzuwachs ist. Das Geld verkörpert jetzt nicht mehr nur ein gesellschaftliches Verhältnis zwischen den Käufern und Verkäufern der Waren. Geld als Kapital ist ein gesellschaftliches Verhältnis, das es ermöglicht, durch Vorschuss einer Geldsumme eine größere Geldsumme zurückzuerhalten, indem der Eigentümer der Produktionsmittel Lohnarbeiter beschäftigt, die mehr Wert schaffen als sie selbst besitzen. Im Unterschied zur Bewegungsform des Geldes als Geld, W–G–W, deren Ziel die Konsumtion eines Gebrauchswertes ist, zielt die Bewegungsform des Geldes als Kapital darauf ab, das Geld zu vermehren. Der Kapitalist eignet sich den Überschuss unentgeltlich an. Und da das Geld den Wert ausdrückt, setzt die begründete Geldvermehrung die Vergrößerung des Wertes voraus. Die Schaffung und Aneignung von mehr Wert – Mehrwert, der dem Wesen nach unbezahlte lebendige Arbeit ist – ist das Ziel des Geldes als Kapital. Kapital ist sich verwertender Wert, rastlos, grenzenlos. Immer mehr, mehr, mehr, der nie endende und sich steigernde Irrsinn – das ist Kapitalismus.

Worin besteht der Zusammenhang zwischen Geld und Kapital?
1. Geld und Geldkapital schließen sich aus, sind Gegensatz. Die Aufgabe des Geldes als Geld ist es, den Wert der Waren auszudrücken, Waren zu zirkulieren, sie zu bezahlen. Die Aufgabe des Geldes als Kapital ist es, sich zu verwerten, d. h. sich zu vergrößern. So gesehen erscheint die Gegenüberstellung des Warengeldes mit dem »Kapitalgeld« für einen Moment plausibel. Doch dabei kann man nicht stehen bleiben.

2. Geld als Geld und Geld als Kapital bedingen sich, setzen einander voraus. Der Einkauf der Waren durch den Unternehmer, einschließlich der Arbeitskraft, ist Voraussetzung der Wertschöpfung. Der Verkauf der Waren ist Voraussetzung, sich den neu geschöpften Wert anzueignen. Wenn sich kein Geldkapital bilden kann, tritt Geld auch nicht als Geld auf. Die Möglichkeit, sich zu verwerten, d.h., dass Geld zu Kapital wird, ist Bedingung, dass Geld in der Kapitalzirkulation als Geld fungieren kann. Auch wenn Geld als Kapital fungiert, hört es nicht auf, Geld zu sein. »Allerdings fungiert das Geld, wenn es als Geldform der Revenue auftritt, mehr als … Zirkulationsmittel, weil … die Arbeiter relativ wenig auf Kredit kaufen können; während im Verkehr der Handelswelt, … teils wegen des vorherrschenden Kreditsystems, das Geld hauptsächlich als Zahlungsmittel fungiert. Aber der Unterschied des Geldes als Zahlungsmittel vom Geld als Kaufmittel … ist eine dem Geld selbst zukommende Unterscheidung; nicht ein Unterschied zwischen Geld und Kapital.« (MEW 25: 461) Wenn Verbraucher Konsumgüter kaufen, benutzen sie Geld als Geld. Die Unternehmer, die diese Konsumgüter verkaufen, verwandeln ihr Warenkapital in Geldkapital. »Denn in der produzierten Ware steckt nicht nur Kapital, sondern auch schon Mehrwert; sie ist nicht nur Kapital an sich, sondern schon gewordenes Kapital, Kapital mit der ihm einverleibten Revenuequelle. Was der Kleinhändler für das ihm zurückfließende Geld weggibt, seine Ware, ist also für ihn Kapital plus Profit, Kapital plus Revenue.« (MEW 25: 460f) Die Verwendung des Geldes als Geld durch den Käufer ist die Realisierung des Geldkapitals durch den Verkäufer. Damit hängt der folgende Punkt zusammen.

3. Geld und Geldkapital durchdringen sich. Wenn ein Kapitalist sein Geldkapital in Warenkapital verwandelt mit der Absicht, es zu vergrößern, also Maschinen, Rohstoffe und Arbeitskräfte kauft, benutzt er das Geldkapital zugleich auch als Geld, entweder als Zirkulationsmittel oder als Zahlungsmittel. Er bezahlt Arbeitsgegenstände, Arbeitsmittel und Arbeitskräfte. Verkauft der Unternehmer seine mit Mehrwert geschwängerten Produkte, verwandelt er sein Warenkapital zu Geldkapital.

Auch jetzt ist Geld beides: Geld, das als Geld eine Ware bezahlt und zugleich Geldkapital, Wert, der sich vergrößert hat. Die Einteilung der monetären Märkte nach der Dauer der auf ihnen abgeschlossenen Verträge, wie in der bürgerlichen Ökonomie geht am Kern des Unterschieds zwischen Geld und Kapital vorbei.

Das Verständnis für die dialektische Einheit von Geld und Kapital ermöglicht es, beide Begriffe abzugrenzen und zugleich ihre Bedingtheit und ihr Ineinanderübergehen zu zeigen. Der Geldbegriff ist einerseits enger als der des Kapitals – es gibt Kapitalarten, die kein Geld sind (Sachkapital, Warenkapital) –, und andererseits ist er weiter – es gibt Geld, das kein Kapital ist (Geld zur Bezahlung der Konsumtionsmittel). Geldkapital ist dagegen beides, sowohl Geld als auch Kapital.

Bürgerliche Geldtheorien

Metallismus

Metallistische Geldtheorien leiten die Wesensbestimmung des Geldes aus den stofflichen Eigenschaften des Geldmaterials ab. Frühe Vertreter dieser Auffassung waren die Merkantilisten William Stafford, Thomas Mun, Dudley North und Ferdinando Galiani. Der Merkantilismus entstand als eine ökonomische Lehre im 15. Jahrhundert. Seine Anhänger identifizierten Reichtum mit Geld. (vgl. Müller 2018: 633-647) Da Gold und Silber gegenüber allen denkbaren Waren die für die privilegierte Ausübung der Äquivalenzfunktion erforderlichen Eigenschaften am ausgeprägtesten aufwiesen, war es naheliegend, anzunehmen, sie seien von Natur aus Geld. Ihre natürlichen Eigenschaften hätten es dazu gemacht. Die Edelmetallwährungen besäßen einen »Stoffwert«. Der Stoffwert wird je nach objektivem oder subjektivem Wertverständnis unterschiedlich gesehen. Nach der objektiven Wertlehre ist der Geldwert identisch mit dem durchschnittlich nötigen Arbeitsaufwand zur Herstellung einer Geldwareneinheit. Nach der subjektiven Wertlehre ergibt sich der Geldwert aus der Wertschätzung des Geldes durch die Menschen. Manche behaupten, Marx sei ebenso Metallist gewesen wie die Mehrzahl der Vertreter der historischen Schule. (Ehrlicher 1988: 376) Auch der ungarisch-sowjetische Ökonom Eugen Varga hat die marxistische Geldtheorie »metallistisch« genannt. (Varga 1979: 60) Dieses Urteil ist problematisch. Marx war Vertreter der objektiven Wertlehre. Am nächsten kommen jene Metallisten dieser Auffassung, die den Wert des Geldmetalls bestimmt sehen durch dessen Produktionskosten. Namhafte Repräsentanten dieser Auffassung waren William Petty und Nassau W. Senior. Sie behaupteten, die Grenzkosten der Goldproduktion und damit der Goldwert sind niedrig, wenn wenig Gold produziert werde. Entsprechend sind die in Gold ausgedrückten Löhne und Warenpreise hoch. Wird die Goldförderung erhöht, steigen die Grenzkosten und mit ihnen der Goldwert. Löhne und Warenpreise fallen. Es werden jetzt weniger Goldeinheiten benötigt, um eine bestimmte Aufwandsmenge mit ihnen auszudrücken. Es scheint, als komme diese Auffassung der Arbeitswertlehre nahe. Doch die Arbeitswertlehre ist keine Produktionskostentheorie. Die Frage nach dem Geldwert wird durch die Produktionskostentheorie nicht beantwortet.

Die Metallisten verabsolutieren die Edelmetalle als Geld. Das scheint historisch berechtigt und oberflächlich betrachtet verständlich. Doch es ist falsch, Geld mit Gold und Silber gleichzusetzen. Gold und Silber werden nur unter konkrethistorischen Bedingungen Geldware. Der Arbeitsaufwand zu ihrer Produktion entspricht ihrem Wert. Das bedeutet nicht, dass nur Gold oder Silber von Natur aus Geldwaren sein könnten. »Wir müssen uns davor hüten, in die absolute Identifikation von Gold und Geld aus einer anderen Position heraus zurückzufallen, und mit einer angenommenen Verdrängung des Goldes als Geldware die Wertform ›Geld‹ als überholt anzusehen.« (Danek 1981: 6) Nicht alle Ansichten, die als Metallismus bezeichnet werden, basieren auf einer aufwandstheoretischen Grundlage. So wird in der metallistischen Geldlehre des Copernikus der Wert der Münze z. B. als die Edelmetallmenge aufgefasst, die in der Münze enthalten ist, d. h. als eine Gewichtsgröße. (Sommerfeld 1978: 133) Es bleibt schleierhaft, woher besagtes, wägbares Metall seinen Wert herhaben soll. Ist vom Wert des Metallgeldes die Rede, so ist darunter nicht immer der »Substanzwert« gemeint. Oft handelt es sich um einen »Funktionswert«, d. h. um den Gebrauchswert bzw. dessen Schätzung.

Nominalismus

Aristoteles hatte die Frage aufgeworfen, ob das Geld seine Geltung aus seinen stofflichen Eigenschaften bezieht oder der rechtlichen Setzung verdankt. Die erste Auffassung mündet, wie soeben dargestellt, in den Metallismus. Edelmetalle besitzen jene stofflichen Merkmale, die für die Ausübung der Geldfunktionen vorteilhaft sind. Die Erklärungen, die zur zweiten Auffassung tendieren, werden unter dem Begriff Nominalismus zusammengefasst. Die christlichen Philosophen des Mittelalters, die Scholastiker, glaubten, dass der Wert des Geldes nicht aus den Beziehungen der Warenproduktion resultiere. Als »valor impositus« komme er vielmehr durch Befehl der Staatsgewalt zustande. »Niemand kann und darf Zweifel hegen«, sagt Philipp von Valois in einem Dekret von 1346, »daß nur Uns und Unserer königlichen Majestät zukommt … das Münzgeschäft, die Herstellung, die Beschaffenheit, der Vorrat und alle Münzen betreffenden Verordnungen, sie so und zu solchem Preis in Umlauf zu setzen, wie es Uns gefällt und gutdünkt.« (MEW 23: 106, Fn 47) Die Juristen des alten Rom und des Mittelalters versuchten mit ihrer nominalistischen Geldauffassung die von den Herrschenden praktizierte Münzverfälschung zu rechtfertigen. Der Metallgehalt der Münzen sei für deren Geltung unwichtig. Es sei der Kaiser, der durch Siegel und durch die Festlegung des Nennwertes den Münzen ihren Wert verleihe. Nominalistisch sind auch die Geldtheorien von J. Hales, B. Davanzati, G. Montanari und J. Locke. Für sie ist Geld eine Übereinkunft der Menschen, ein bestimmtes Gut als Zahlungsmittel zu verwenden. Der deutsche Ökonom Georg Friedrich Knapp hat diese Gedanken aufgenommen und zugespitzt. Sein Buch »Staatliche Theorie des Geldes« ist der Abschluss und der vorläufige Höhepunkt dieser theoretischen Konstruktion. Das i-Tüpfelchen setzt später die Modern Monetary Theory. Geld verdanke seine Entstehung und Anerkennung einer Übereinkunft der Menschen, einen bestimmten Gegenstand als Zahlungsmittel anzunehmen. Es besitze keinen eigenen Wert, sei nur schlichte Recheneinheit, die dazu diene, Zahlungen abzuwickeln. Geld wird zu einer juristischen Kategorie und der Staat zu dessen Schöpfer. Die willig gefeierte »Theorie« Knapps beginnt, wie Robert Liefmann richtig schreibt »mit einem großen logischen und historischen Fehler.« (Liefmann 1922: 100) Er bestehe darin, dass Geld als ein Geschöpf der Rechtsordnung gesehen wird. Es sei »im Laufe der Geschichte in den verschiedensten Formen aufgetreten; eine Theorie des Geldes kann daher nur rechtsgeschichtlich sein«, war Knapps Auffassung. (Knapp 1921: 1) »Aber warum in aller Welt soll eine Theorie des Geldes nur rechtsgeschichtlich sein können?«, fragt Liefmann, für den das Geld theoretisch und historisch aus den wirtschaftlichen Verhältnissen erklärt werden muss. (Liefmann, a. a. O.) Knapp wird bis heute als Mann stilisiert, »der als ›Chartalist‹ den Sieg über den ›Metallismus‹ davongetragen habe«, weil er »allen jenen die Skrupel nahm, die sich von dem Zwang zu lösen suchten, dass die Golddeckung eine unbedingte Voraussetzung für die Emission von Papiergeld sei.« (Krause 1980: 310) Auch Keynes stimmt Knapp zu: »In dem Augenblick also, als die Menschen eine Rechnungseinheit angenommen hatten, hat das Zeitalter des Geldes das des Naturalaustausches abgelöst. Und das Zeitalter des chartalen oder des staatlichen Geldes war erreicht, als der Staat das Recht in Anspruch nahm, zu bestimmen, welcher Gegenstand als Geld der jeweiligen Rechnungseinheit entsprechen sollte … Heute ist das Geld in allen zivilisierten Staaten – darüber kann es keine Meinungsverschiedenheiten geben – chartaler Natur.« (Keynes 1983: 4) Chartal bedeutet: Geld ist ein Produkt des Gesetzes, eine staatliche Verordnung. Alle Gesellschaften haben ihre eigenen Formen von Geld, »weil alle Gesellschaften Regierungen besaßen und alle Regierungen Geld in den Umlauf brachten« (Graeber 2011: 30) Geld – von Juristen ersonnen, vom allmächtigen Staat proklamiert? Fakten scheinen die Meinung zu belegen: Der Staat legt fest, ob auf seinen Münzen die Gesichter August des Starken, Pittiplatschs oder der Wildecker Herzbuben geprägt werden. Er entscheidet, ob die 10-€-Note rot, gelb oder blau aussieht und ob die 50-€-Scheine den schiefen Turm von Pisa, das Endlager Gorleben, den Bungalow des Präsidenten oder die Hütte von Hitlers Hund abbilden. Er bestimmt die *Form* des Geldes, nicht dessen Inhalt. Die Knappsche »Theorie« des Geldes ist unhistorisch und oberflächlich, wie das positivistische Denkverbot[49] es verlangt. Sie verwechselt Form und Inhalt, verfängt sich in der Erscheinung, statt das Wesen zu erhellen. Das Geld ist objektives Ergebnis und immanenter Bestandteil entfalteter Warenproduktion. Es ist ohne Mitwirkung des Staates entstanden, aus den Bedingungen des Warenaustausches heraus, die sich änderten und vervollkommneten. Der Tausch entwickelte sich zunächst zwischen den Stammesvorläufern der Staaten und konnte von keinem übergeordneten Staat reguliert werden. Seine Entwicklung ist gebunden an die der Produktivkräfte. Geld hat unabhängig vom Willen des Staates und der wirtschaftlichen Akteure die Bühne betreten. Seine Notwendigkeit ergibt sich aus den Bedingungen der Warenproduktion, nicht aus den Absichten autoritärer Staaten oder aus genialen Einfällen der Wirtschaftsakteure. Geld war da, bevor der Souverän ihm Autorität und Gültigkeit verlieh. Der Mensch hat nachträglich seinen »naturinstinktiven Handlungsakt sanktioniert, … weil für die ›Krone der Schöpfung‹, deren herausragende Stellung im Tierreich gerade auf ihrem Dasein als denkendes und bewusst handelndes Wesen beruht, das Eingeständnis, dass ihr zentrales gesellschaftliches Vermittlungsglied in einem naturinstinktiven Akt hergestellt wird, hochnotpeinlich, um nicht zusagen unerträglich wäre.« (Harbach 2011: 88) Fassen wir das Geld als

49 Der Positivismus ist eine philosophische Richtung, die das Wissen beschränkt auf »Positives«, auf das Tatsächliche, das sinnlich Wahrnehmbare und Überprüfbare.

Geschöpf der Rechtsordnung auf, könnten wir das auch mit der Ehe tun. Der Staat und seine Rechtsordnung haben das Geld sanktioniert, so wie sie seit einer Weile die Ehe amtlich beurkunden zwischen zwei Liebenden, die sich vorher gefunden haben. Dass Ehe und Liebe die längste Zeit gar nichts miteinander zu tun hatten, tut dabei nichts zur Sache. Richtig: Der Staat regelt wichtige Fragen des Geldwesens wie Preismaßstab, Konvertibilität, Münzgesetze, Wechselrecht, Bank- und Börsengesetze u. a. m. Jedes Geldsystem kann nur dann effektiv sein, wenn sich der Staat in hohem Maße daran beteiligt. (Harvey 2011: 97). Aber: »Die sogenannte staatliche Theorie des Geldes ist für die Erkenntnis der Entstehung des Geldes ohne Belang. Sie enthält nur rechtsgeschichtliche Tatsachen und vermag daher über das soziale und wirtschaftliche Dasein des Geldes wenig oder gar nichts auszusagen.« (Gerloff 1940: 180) Interessant ist der Hinweis von Marx, dass die Kontroverse, ob Geld bloßes Rechtsprodukt des Staates sei oder aus den Bedingungen und Erfordernissen der Warenproduktion abgeleitet werden müsse, sehr alt ist, und früh mit Erfolg ausgefochten worden war: »Es war römisches Rechtsdogma, daß der Kaiser den Geldwert dekretiert. Es war ausdrücklich verboten, das Geld als Ware zu behandeln … Gute Auseinandersetzung hierüber von G. F. Pagnini … bei Custodi … Namentlich im zweiten Teil der Schrift polemisiert Pagnini gegen die Herren Juristen.« (MEW 23: 106, Fn 47)

Quantitätstheorie des Geldes

Bestimmt die Geldmenge das Preisniveau oder umgekehrt das Preisniveau die umlaufende Geldmenge? Im 19. Jahrhundert glaubten die Vertreter der »Currency-Theorie« – John R. Mac Culloch, Samuel J. L. Overstone, David Ricardo, Robert Torrens –, dass die Geldmenge exogen bestimmt ist. Die Politik der Notenbank entscheide über ihre Höhe. Und danach richte sich das Preisniveau, es werde bestimmt durch die Höhe der

Geldmenge. Eine verstärkte Ausgabe von Banknoten oder staatlichem Papiergeld erhöhe die Preise, eine Verringerung der Emission senke sie. Die Vertreter der Banking-Theorie – Thomas Tooke und John Fullarton – waren umgekehrt der Meinung, dass der Preis ursprünglich sei und sich die Geldmenge von allein regeln würde. Die Geldmenge passe sich an die Preise und damit an den schwankenden Bedarf der Wirtschaft an. Sie sei eine endogene, eine abgeleitete Größe. Sie begründeten dies damit, dass die Banken Geld ausgeben, indem sie Warenwechsel diskontieren, d. h. Warenwechsel zum Diskontsatz kaufen. Die Erhöhung der Preise und Geschäftsumsätze geht der Erhöhung des Notenumlaufes voraus. Die Wirtschaft könne gar nicht mit Geld überversorgt sein. In den Auffassungen zwischen Keynesianern und Monetaristen wiederholt sich heute, wenn auch im Detail modifiziert und durch neue Argumente angereichert, grundsätzlich der alte Streit. Die »Currency«-Position wird heute von den Monetaristen und Neoklassikern vertreten. Die Geldmenge sei die bestimmende, Preisniveau und Geldwert die davon abgeleiteten Größen. Das ist der Kern der Quantitätstheorie des Geldes, die Irving Fisher zu Beginn des 20. Jahrhunderts formulierte. (Fisher 1911) Keynesianer halten die »Banking«-Theorie für richtig: Wirtschaftsakteure entscheiden durch ihr Verhalten über das Preisniveau. Die Geldmenge als endogene Größe passe sich daran an. Den Gegensatz der Auffassungen können wir mit der Quantitätsgleichung des Geldes (auch Fishersche Verkehrsgleichung) verdeutlichen:

$M \cdot V = Q \cdot P$
(M = Geldmenge, V = Umlaufgeschwindigkeit des Geldes,
Q = Handelsvolumen, P = Preisniveau)

Currency-Interpretation
Ursache = $M \cdot V$ (zahlungswirksame Geldmenge)
Wirkung = $Q \cdot P$ (Preissumme des Güterangebots)

Banking-Interpretation
Ursache = $Q \cdot P$
Wirkung= $M \cdot V$

Marx erfasste den kausalen Zusammenhang in seinem Geldumlaufgesetz richtig: Die Quantität des zirkulierenden Geldes sei bestimmt »durch die Preissumme der zirkulierenden Waren und die Durchschnittsgeschwindigkeit des Geldumlaufs … Die Illusion, dass umgekehrt die Warenpreise durch die Masse der Zirkulationsmittel und letztre ihrerseits durch die Masse des in einem Lande befindlichen Geldmaterials bestimmt werden, wurzelt bei ihren ursprünglichen Vertretern in der abgeschmackten Hypothese, dass Waren ohne Preis und Geld ohne Wert in den Zirkulationsprozess eingehn, wo sich ein aliquoter Teil des Warenbreis mit einem aliquoten Teil des Metallbergs austausche.« (MEW 23: 136ff) Erstaunlich, dass die Gelehrten sich jahrhundertelang darüber streiten, was zwischen Preisen und Geldmengen primär und was abgeleitet ist. Gesunder Menschenverstand genügt, um das Problem zu verstehen. Wenn wir einem potenziellen Käufer, der wenig Geld hat, 1 000 Euro geben, ist noch kein Preis gestiegen und er muss auch nicht zwingend steigen. Es verbessern sich nur die Möglichkeiten, dass er steigt. Erhöht sich der Preis der Ware um einen bestimmten Betrag, dann ist, will jemand die Ware kaufen, zwingend zusätzliches Geld in dieser Höhe erforderlich. Es geht beim Geldumlaufgesetz bzw. bei der Quantitätsgleichung des Geldes nicht um eine undefinierbare Geldmenge. Es geht um die, die zirkuliert, um die, die gebraucht wird, um die Waren zu bezahlen. Der Preis ist das Bestimmende, das Vorausgesetzte, die Höhe der Geldmenge ist abhängig von der Preissumme. Höhere Preise erfordern mehr Geld, niedrigere Preise weniger. Die Häufigkeit, mit der Geldeinheiten für Zahlungen in einer Periode – die sogenannte Umlaufgeschwindigkeit des Geldes – verwendet werden, modifiziert diesen Zusammenhang: Je häufiger Geldeinheiten für

Zahlungen verwendet werden, umso weniger Geld ist erforderlich, umgekehrt verhält es sich umgekehrt. Variationen der Geldmengen verändern die Preise nicht zwingend. Zu viel Geld *kann* gar nicht zirkulieren. Das Argument mag einigen überraschend vorkommen. Man muss ich klarmachen, um welche Geldmenge es hier geht. Was nicht zirkuliert, sich nicht in der Zirkulation aufhält, Geld, das keine Waren bezahlt, ist kein Bestandteil der Geldmenge, nach der im Geldumlaufgesetz gefragt wird. Es ist immer so viel Geld im Umlauf, wie zur Bezahlung der Preise benötigt wird. Geld zirkuliert, heißt nur, dass es Waren bezahlt. Das setzt voraus, dass diese einen Preis haben. Der Preis geht logisch dem Geld voraus. Geld geht zum Preis, nicht umgekehrt. Eine geringe Relativierung ist möglich. Vermutet ein Verkäufer, dass jemand viel Geld besitzt, könnte er von diesem einen höheren Preis verlangen als von einem armen Schlucker. Und Käufer, die einen Lottogewinn erzielt haben, könnten von sich aus bereit sein, auch höhere Preise für ein Gut anzubieten. Dagegen hängt der Preis für Wertpapiere, Gold und Kunstgegenstände von der Geldmenge ab. (Hieke 2021: 157) Die Börsen flutendes, in der Produktion nicht benötigtes Geld treibt die Kurse nach oben.

Wird beachtet, dass Geld auch *Zahlungs*mittel sein kann, muss das Geldumlaufgesetz modifiziert werden. Waren können auf Kredit verkauft werden. Der Verkäufer wird zum Gläubiger, der Käufer zum Schuldner. Die Ware geht vom Verkäufer zum Käufer, ohne dass gleichzeitig Geld zurückfließt. Soll die notwendige Geldmenge einer Periode ermittelt werden, ist zu berücksichtigen, dass Warenleistung und Rechnungsausgleich (Bezahlung) gegebenenfalls unterschiedlichen Perioden zugerechnet werden müssen. Käufe, die in einer späteren Periode bezahlt werden, mindern den Geldbedarf der aktuellen Periode. Deren Geldbedarf wird über die Periodenleistungen hinaus erhöht durch Zahlungen, die auf Kreditkäufen bzw. -verkäufen der Vorperioden beruhen und in der aktuellen Periode fällig werden.

Schuldverpflichtungen können für eine Reihe von Kreditgeschäften wechselseitigen Charakter haben. So hat beispielsweise A eine Geldsumme an B zu zahlen, dieser die gleiche Summe an C und C an A. In diesem Fall können alle drei Warenhändler wechselseitig ohne Bar- und Buchgeldzahlungen ihre Verpflichtungen verrechnen. Problemlos geht das bei einem zentralen Rechnungsausgleich, dem multilateralen Clearing, wofür vor Jahrhunderten Londoner Großkaufleute feste Plätze eingerichtet hatten. Die Summe der für die Zirkulation notwendigen Geldmenge wird geringer. Geld wird nur noch benötigt, um die Spitzen auszugleichen.

Auch die Zins-Preis-Hypothese – der Zins beeinflusse über die Geldmenge das Preisniveau negativ – ist einseitig und zweifelhaft. Die Behauptung, Banken könnten durch hohe Zinsen Preisstabilität wahren oder zurückgewinnen, und sinkende Zinsen würden umgekehrt ein hohes Preisniveau hervorrufen und die Menschheit vor der bösartigen Deflation retten, verkennt entscheidende Determinanten der Preisbildung. Die herrschende Lehre hat sich darauf versteift: Sinkt die Geldmenge, dann tun dies auch die Preise (oder ein geringes Steigen der Geldmenge bewirke ein langsames Steigen der Preise). Zugleich müssten die Zinsen steigen, wenn mit der sinkenden Geldmenge auch das Angebot an Krediten abnehme. Folglich gehörten hohe Zinsen und niedrige Preise zusammen. Das kann manchmal sein. Daraus aber ein ehernes Gesetz zu machen und die Zentralbankpolitik diesem törichten Argument zu unterwerfen, in hohen Zinsen eine wirksame Waffe gegen die Inflation zu sehen, ist lächerlich. Und sehr eigenartig, dass selbst linke Ökonomen vom schwachen Argument scheinbar beeindruckt sind. Dabei belegen empirische Untersuchungen schon seit Thomas Tooke, dass die langfristigen Kapitalmarktzinsen und das Preisniveau positiv miteinander verbunden sind. Der englische Nationalökonom A. H. Gibson hatte dies für England in der Zeit von 1820 bis 1920 nachgewiesen und u. a. Wolfgang Filc später für die Bundesrepublik Deutschland bestätigt. (Filc 1992: 85ff) John M. Keynes hielt die Gleichläufigkeit von Zins und Preisniveau für paradox. (Keynes 1983: 458) Er nannte sie »Gibson-Paradox«. Dabei gibt es vernünftige Gründe, die zeigen, dass der Zusammenhang alles andere als paradox ist. Richtig sind zunächst zwei Aspekte: Zinsen beeinflussen unter sonst gleichen Umständen die Geld- und Kreditnachfrage negativ; Geldmengen und Preise korrelieren positiv. Worauf jeder ökonomische Laie käme, fiel dem Starökonomen des 20. Jahrhunderts angeblich nicht ein: Zinsen sind Kosten und werden auf Preise übergewälzt. Auf Märkten, auf denen Monopole und Oligopole dank ihrer Marktmacht den Preiswettbewerb ad absurdum geführt haben, ist dies Usus. Preise und Preissteigerungen fallen mittel- und langfristig umso höher aus, je höher die Zinsen sind. Hohe Zinsen bedeuten hohe Preise und hohe Preise erfordern einen Anstieg der Geldmenge. Geldtheoretiker und Geldpolitiker ignorieren starrsinnig diesen Zusammenhang. Auch aus einem weiteren Grund ist ihre Meinung fraglich. So kann man beobachten, dass die Zahlungs- und Tilgungstermine umso kürzer werden, je stärker die Zinsen steigen, von denen man erhofft, dass sie die Geldmenge reduzieren und so die Inflation dämpfen. Man vereinbart kürzere Zahlungs- und Tilgungstermine, um der erwarteten Geldentwertung zuvorzukommen und später zu höheren Zinsen auszuleihen. Das bedeutet, dass die Umlaufgeschwindigkeit des Geldes steigt. Und das heißt: Weniger Geld wird benötigt. Selbst wenn durch die Zinspolitik eine Verringerung der Geldmenge erreicht werden könnte, ist zu befürchten, dass der immerhin denkbare preisberuhigende Effekt nicht eintritt, weil die Umlaufsgeschwindigkeit des Geldes zunimmt.

Die Geldmenge ist keine exogene Größe, die durch die Zentralbank bestimmt werden kann. Sie ergibt sich endogen aus den volkswirtschaftlichen Kreisläufen, wobei die Preisbildung originär ist. Das gilt auch für das Zinsniveau. Es wird von den

Angebot-Nachfrage-Verhältnissen auf den Geld- und Kapitalmärkten bestimmt und nicht durch Entscheidungen der Zentralbankpräsidenten. Die Zentralbank ist keine Institution, die mittels Geldpolitik nach ihrem Gusto die Märkte dirigiert. Sie ist Element einer komplexen wirtschaftlichen Ganzheit, deren Gesetzen und Zwängen sie sich nicht entziehen kann, an die sich im Gegenteil anpasst, auf die sie reagiert. Es wäre falsch, zu behaupten, dass die Zentralbanken mit ihrer Geldpolitik keinen Einfluss auf die Finanzmärkte ausüben könnten und damit auch auf die Güter- und Faktormärkte. Doch sind die Wirkungen unsicher. Sie werden gebrochen durch die spezifischen Umstände, auf die jene Maßnahmen treffen. Was den Zentralbanken abgesprochen werden muss, ist nicht jeglicher Einfluss auf die Objekte, die für ihr Agieren verantwortlich sind, sondern die Fähigkeit zur souveränen, zielgerichteten und planvollen Steuerung dieser Prozesse. Die Zinssenkung, mit der die US-Zentralbank im Sommer 2007 auf die Hypothekenkrise reagierte, hat die Wirtschaft beruhigt und die Börsen vorübergehend gestärkt, doch auch dieses Beispiel zeigt, dass die Zentralbanken *re*agieren und den Marktkräften langfristig unterlegen sind.

Modern Monetary Theory – MMT

Was an der »modernen Geldtheorie« modern sein soll, ist rätselhaft. Die scheinbar neue Einsicht oder Erkenntnis knüpft an alte Dogmen an: an die eben widerlegte Quantitätstheorie des Geldes, den Nominalismus, vor allem an die Auffassung Georg Friedrich Knapps, dass der Staat das Geld unbegrenzt aus dem Nichts schöpfe und dies, so fügen die Vertreter der MMT hinzu, mit weitreichenden positiven wirtschaftlichen Wirkungen. Nach Stephan Krüger ist die MMT dagegen »von ihrem ökonomischen Gehalt nicht nur Vulgärökonomie (im Marxschen Sinne), sondern überschreitet bereits die Grenze zu ›Funny Science‹.« (Krüger, Müller 2020: 150)

Sie beruht auf dem Irrglauben, mit der unbegrenzt produzierbaren Geldmenge ließen sich alle wirtschaftlichen und sozialen Probleme des Kapitalismus in den Griff bekommen. Zu schön, um wahr zu sein. Wozu dann noch Sozialismus? Doch mischen sich in ihr Richtiges, Widersprüchliches und Falsches. Neu ist die Auffassung, dass der Staat als Emittent des Geldes unbegrenzt Geld neu drucken lassen könne, ohne sich zu verschulden. Er könne nie zahlungsunfähig werden, weil er der »Erzeuger« des Geldes sei. Der Staat verfüge über eine unerschöpfliche Geldquelle und könne problemlos alle seine Ausgaben finanzieren. Zudem lenke der Staat als Nachfrager brachliegende Ressourcen und Geld in die bedürftigen Bereiche des güterwirtschaftlichen Sektors. Er lässt Alten- und Pflegeeinrichtungen, Straßen, Brücken, Radwege, Schienen, Schulen, Sozialwohnungen usw. bauen. Damit verbindet sich die Hoffnung, durch massive Ausweitung der staatlichen Nachfrage die ökologische, soziale und ökonomische Entwicklung zu fördern. Verdienstvoll an der MMT ist, dass sie die neoliberale Sparpolitik, Schuldenbremsen, die Vernachlässigung der Infrastruktur und den Abbau der sozialen Leistungen kritisiert. Sie zeigt Spielräume auf für eine aktive Wirtschafts- und Sozialpolitik, beruht jedoch auf Annahmen, die nicht überzeugen. Zwar knüpft sie an einigen realen Erscheinungen an: Tatsächlich fand in den jüngsten Krisen eine umfangreiche Staatsfinanzierung über die Zentralbanken unabhängig von Ersparnissen und Staatsquoten statt. Ohne Steuererhöhungen wurden gewaltige finanzielle Mittel bereitgestellt. Das erhärtet den Eindruck, dass Banken und Staat Kredit und Geld aus dem Nichts schaffen würden und zeige, dass der Staat keine Ersparnisse der Privaten und Steuern benötige, um seine Ausgaben zu finanzieren. Im Gegenteil behauptet die MMT, alles Geld entstehe aus dem Kredit und indem der Staat mit dessen Hilfe Ausgaben bestreite, stelle er das Geld erst zur Verfügung, das benötigt werde, um Steuern zahlen zu können. (Ganßmann 2015: 41-45; Pauli 2021: 10f)

Der Staat akzeptiere sein Geld als Steuer und daher akzeptierten es die Steuerzahler als Geld. Zwar zeige die Geschichte, dass die Ausgabe von staatlichem Papiergeld mit Zwangskurs der Erhebung von Steuern und der Errichtung eines funktionsfähigen Steuersystems vorausgehen kann, doch logisch »verhält es sich gerade umgekehrt: das Steuerwesen ermöglicht es, dass die Staatsschuld eine normale Form der Staatsfinanzen« ist. (Stützle 2021: 86) Die Ansprüche der Gläubiger des Staates sind durch die Steuereinnahmen gesichert. Die Auffassung, dass jegliches Geld Kredit und nichts weiter als Kredit sei, ist falsch und an anderer Stelle widerlegt worden. (Krüger, Müller 2020: 46-50; Stützle 2021: 80) Droht Inflation, solle der Staat via Steuern überschüssige private Nachfrage abziehen. Das sei dann auch der einzige Grund für die Erhebung der Steuer, die er eigentlich nicht brauche, da er sein Geld jederzeit selbst erzeugen könne. Zugleich könnte durch eine Besteuerung der Reichen die ungerechte Einkommens- und Vermögensverteilung gemildert werden – Annahmen, die für eine wohlwollende Aufnahme der MMT auch bei einem Teil der Linken geführt haben. (Höfgen 2020) Eine Bank, die Staatsanleihen erwirbt, bezahlt sie mit Zentralbankgeld und verkauft sie i. d. R. mit einem Aufschlag an private Investoren oder an die Zentralbank weiter.

Die MMT übersieht, dass den Staatsausgaben Grenzen gesetzt werden durch knappe Ressourcen. Sie wiederholt den Fehler der nominalistischen Geldlehre: Geld wird von der Ware und ihrem Wert gedanklich entkoppelt und dem Staat die entscheidende Rolle für die Entstehung und Schöpfung des Geldes zugewiesen. Die MMT erklärt nicht, warum dem Warentausch die Warenwerte zugrunde liegen und weshalb man dazu das Geld als allgemeines Äquivalent, als Maß der Werte und Mittel der Zirkulation braucht. Geld ist nicht einfach eine Anweisung auf einen Teil des Sozialprodukts, sondern es ist das Mittel, mit dem auf dem Markt anerkannt wird, dass privat geleistete Arbeit Teil der gesellschaftlich notwendigen Arbeit ist. (Stützle

2021: 85) Der naive Glaube, mit aus Nichts geschöpften Geld des Staates allein könne man alle Probleme lösen, ist der Kern der »modernen« Geldtheorie. Aber hinter dem Geld steht der Wert und hinter dem Wert die Arbeit, die als gesellschaftlich notwendig zählt. Arbeitsressourcen sind limitiert. Man kann sie nicht wie Geldmengen erhöhen. Der Staat und seine Zentralbank können zwar formal Geld emittieren. Doch was diese Währung kann, schreibt Ingo Stützle richtig, »das entscheidet in der kapitalistischen Privatwirtschaft ... ob das Geld als Mittel der Verwertung fungieren kann oder nicht. Kurzum: Formal ist der Staat beim Gelddrucken souverän, materiell nicht. Er kann Anweisungen ausgeben, aber damit keinen Wert schaffen, keine Verwertung garantieren.« (Stützle 2021: 83) Die MMT krankt, so Stephan Krüger, »neben ... Fundamentalfehlern bei den Geldeigenschaften an den Weiterungen, die sich aus ihnen ergeben. Der komplett fehlende Rückbezug auf die Bedingungen der Kapitalverwertung und die unterlassene Unterscheidung zwischen einer langfristig beschleunigten Kapitalakkumulation ... sowie ihrer gesetzmäßigen Ablösung durch eine strukturelle Überakkumulation von Kapital disqualifiziert diesen Theorieansatz grundsätzlich.« (Krüger, Müller 2020: 147f) Die Arbeitsgruppe Alternative Wirtschaftspolitik setzt daher im Gegensatz zur MMT auf Umverteilung, will Geld von den Einkommensstarken und Reichen über Steuern holen, Finanzierungsüberschüsse der Haushalte und Unternehmen abschöpfen, auch mittels Krediten, um notwendige öffentliche Investitionen und soziale Ausgaben zu bezahlen. (Arbeitsgruppe Alternative Wirtschaftspolitik 2021: 303f)

Literatur

Die Werke von Karl Marx und Friedrich Engels
sind unter den Siglen MEW und MEGA nachgewiesen:
MEGA Marx-Engels-Gesamtausgabe, Berlin 1975ff
MEW Marx-Engels-Werke, Berlin 1956ff

Louis Althusser et al. (2015), Das Kapital lesen, Münster.

Arbeitsgruppe Alternative Wirtschaftspolitik (2021), Memorandum 2021, Corona – Lernen aus der Krise! Alternativen zur Wirtschaftspolitik, Köln.

Ingomar Bog (1988), Kapitalismus, in: Handwörterbuch der Wirtschaftswissenschaften (HdWW), Bd. 4, Stuttgart/New York/Tübingen/Göttingen/Zürich.

Christina von Braun (2012), Der Preis des Geldes. Eine Kulturgeschichte, Berlin.

Ulrich Busch (2020), Geldkritik. Theorien – Motive – Irrtümer, Abhandlungen der Leibniz-Sozietät der Wissenschaften, Bd. 65, Berlin.

Valeria Bruschi, Antonella Muzzupappa, Sabine Nuss, Anne Steckner, Ingo Stützle (2012), PolyluxMarx. Bildungsmaterial zur Kapital-Lektüre, Berlin.

Gustav Cassel (1923), Theoretische Sozialökonomie, 3. Aufl., Erlangen/Leipzig.

Paul Danek (1981), Zur Rolle des historischen Materialismus in der marxistischen Geldtheorie im gegenwärtigen Meinungsstreit, in: Wissenschaftliche Zeitschrift der Martin-Luther-Universität Halle-Wittenberg, Heft 2.

Peter Donat, Hans Neumann, Gert Audring (1988), Geschichte. Lehrbuch für die Klasse 5, Berlin.

Werner Ehrlicher (1988), Geldtheorie und Geldpolitik, in: Handwörterbuch der Wirtschaftswissenschaften (HdWW), Bd. 3, Stuttgart/New York/Tübingen/Göttingen/Zürich, S. 374-391.

Europäische Zentralbank (1998), Bericht über elektronisches Geld, Frankfurt/M.

Wolfgang Filc (1992), Theorie und Empirie des Kapitalmarktzinses, Stuttgart.

Irving Fisher (1911), The purchasing power of money, London.

Egon Friedell (1998), Kulturgeschichte Ägyptens und des alten Orients, München.

Milton Friedman (1979), Es gibt nichts umsonst. Warum in einer Volkswirtschaft jede Mark verdient werden muß, München.

Heiner Ganßmann (2015), Modern Money Theory – eine Kritik, in: Z. Zeitschrift Marxistische Erneuerung, Heft 102, S. 41-51.

Wilhelm Gerloff (1940), Die Entstehung des Geldes und die Anfänge des Geldwesens, Frankfurter Wissenschaftliche Beiträge, Kulturwissenschaftliche Reihe, Bd. 1, Frankfurt/M.

David Graeber (2011), Schulden. Die ersten 5000 Jahre, 7. Aufl., Stuttgart.

Heinz Grünert u. a. (1982), Geschichte der Urgesellschaft, Berlin.

Yuval Noah Harari (2013), Eine kurze Geschichte der Menschheit, München.

Heinrich Harbach (2011), Wirtschaft ohne Markt. Transformationsbedingungen für ein neues System der gesellschaftlichen Arbeit, Berlin.

David Harvey (2011), Marx' Kapital lesen, Hamburg.

Wolfgang F. Haug (2013), Das Kapital lesen. Aber wie? Materialien zur Philosophie und Epistemologie der marxschen Kapitalismuskritik, Hamburg.

Rolf Hecker, Ingo Stützle (Hg.) (2017), Karl Marx, Das Kapital 1.5, Die Wertform, Berlin.

Rolf Hecker (2018), Springpunkte. Beiträge zur Marx-Forschung und »Kapital«-Diskussion, Berlin.

Herodot (2011), Neun Bücher zur Geschichte, 3. Aufl., Wiesbaden (nach einer Übersetzung von Dr. Chr. Bähr, Berlin-Schöneberg 1898)

Manfred Hieke (2021), Weltmacht Warenproduktion, Leipzig.

Maurice Höfgen (2020), Mythos Geldknappheit – Modern Monetary Theory oder warum es am Geld nicht scheitern muss, Stuttgart.

John M. Keynes (1983), Vom Gelde, 3. Aufl., Berlin.

Ansgar Knolle-Grothusen (2009), Der Zusammenhang von Geldfunktionen und Geldformen im Kapital, in: Ansgar Knolle-Grothusen, Stephan Krüger, Dieter Wolf, Geldware, Geld und Währung. Grundlagen zur Lösung des Problems der Geldware, Hamburg.

Georg Friedrich Knapp, Staatliche Theorie des Geldes, 3. Aufl., München, Leipzig 1921.

Klaus Kolloch (1981), Gold, Dollar, Währungskrise, Berlin.

Werner Krause (1980), Die Knappsche Geldlehre, in: Werner Krause, Günther Rudolph, Grundlinien des ökonomischen Denkens in Deutschland 1848 bis 1945, Berlin.

Stephan Krüger (2012), Politische Ökonomie des Geldes. Gold, Währung, Zentralbankpolitik und Preise, Kritik der Politischen Ökonomie und Kapitalismusanalyse, Bd. 2, Hamburg.

Stephan Krüger, Klaus Müller (2020), Das Geld im 21. Jahrhundert. Die Aktualität der Marxschen Wert- und Geldtheorie, Köln.

Stephan Krüger (2021), Wert, Wertgröße und Wertgesetz, Ergänzend-modifizierende Anmerkungen zum Beitrag von Barbara Lietz und Winfried Schwarz in Z 125/126, in: Z. Zeitschrift Marxistische Erneuerung 127, S. 122-130.

Bernhard Laum (1924), Heiliges Geld. Eine historische Untersuchung über den sakralen Ursprung des Geldes, Tübingen.

Alfred Lemmnitz (1977), Zum Charakter des Weltgelds im heutigen Kapitalismus, IPW-Berichte, Heft 2, Berlin.

Erich Leverkus (1990), Freier Tausch und fauler Zauber, Frankfurt/M.

Barbara Lietz, Winfried Schwarz (2021), Wert, Austausch und neue Marx-Lektüre, in: Z. Zeitschrift Marxistische Erneuerung 125, S. 112-125 (Teil I) und 126, S. 129-141 (Teil II).

Julius E. Lips (1961), Vom Ursprung der Dinge. Eine Kulturgeschichte des Menschen, Leipzig.

Hans Mottek (1983), Wirtschaftsgeschichte Deutschlands. Ein Grundriß, Bd. 1, Von den Anfängen bis zur Zeit der französischen Revolution, Berlin.

Klaus Müller (2015), Geld. Von den Anfängen bis heute, Freiburg.

Klaus Müller (2018), Merkantilismus, in: Wolfgang Fritz Haug, Frigga Haug, Peter Jehle, Wolfgang Küttner (Hg.), Historisch-kritisches Wörterbuch des Marxismus, Band 9/I, Maschinerie bis Mitbestimmung, Hamburg, Spalten 633 bis 647.

Klaus Müller (2019), Auf Abwegen. Von der Kunst der Ökonomen, sich selbst zu täuschen, Köln.

Klaus Müller (2021), Arbeitslosigkeit, Köln.

Karl Neelsen, Klaus Müller-Bülow (1973), Ware und Geld, Berlin.

Roland Charles Pauli (2021), Die Macht der EZB. Geldpolitik, Staatsfinanzierung und die Rolle der Zentralbank, isw-report Nr. 125, München.

Eugen von Philippovich (1919), Grundriß der Politischen Ökonomie I. Allgemeine Volkswirtschaftslehre, 13., unveränderte Aufl., Tübingen.

Georg Quaas (2016), Die ökonomische Theorie von Karl Marx, Marburg.

Georg Quaas (2018), Relationale Geldtheorie. Zur aktuellen Diskussion über das Geld, Marburg.

Hans Radandt u.a. (1981), Handbuch der Wirtschaftsgeschichte, Bd. 1, hg. vom Institut für Wirtschaftsgeschichte der Akademie der Wissenschaften der DDR, Berlin.

Horst Richter, Waldfried Schließer (Hg.) (1974), Politische Ökonomie des Kapitalismus und des Sozialismus, Berlin.

Horst Richter, Waldfried Schließer (1981), Die Warenproduktion im Sozialismus, Berlin.

William Ridgeway (1892), Origin of metallic currency and weight standards, Cambridge.

Paul A. Samuelson, William D. Nordhaus (1985), Volkswirtschaftslehre. Grundlagen der Makro- und Mikroökonomie, Band 1, 8., grundlegend überarbeitete deutsche Auflage, Köln.

Günter Schmölders (1982), Psychologie des Geldes, München.

Dieter Schnaas (2012), Kleine Kulturgeschichte des Geldes, München.

Conrad Schuhler (2020), Krypto-Geld. Die totale Ausspähung der BürgerInnen, isw-spezial Nr. 34, München.

Werner Seppmann (2019), Das Elend der Philosophie. Über Louis Althusser, Kassel.

Georg Simmel (2009), Philosophie des Geldes, Köln, (Erstauflage Leipzig 1900).

Adam Smith (1976), Eine Untersuchung über das Wesen und die Ursachen des Reichtums der Nationen. Erster Band. Übersetzt und eingeleitet von Peter Thal, 2., unveränderte Auflage, Berlin.

Werner Sombart (1987), Der moderne Kapitalismus, Band 2. Das europäische Wirtschaftsleben im Zeitalter des Frühkapitalismus. Erster Halbband, unveränderter Nachdruck der 2., neugearbeiteten Aufl. 1916, München.

Erich Sommerfeld (Hg.) (1978), Die Geldlehre des Nikolaus Copernikus, Berlin.

Waltraud Sperlich (2013), Alles Mythos! 20 populäre Irrtümer über die Steinzeit, Darmstadt.

Ingo Stützle (2021), Money makes the world go green? Eine Kritik der Modern Monetary Theory als geldtheoretisches Konzept, in: Prokla, Zeitschrift für kritische Sozialwissenschaft, Heft 202, S. 71-94.

Eugen Varga (1979), Das Geld: Seine Herrschaft in Friedenszeiten und sein Zusammenbruch während des Krieges, in: ders., Ausgewählte Schriften 1918-1964, Bd. 1, Berlin.

Hans Wagner, Rudolf Mondelears (1986), Grundfragen der Kredit- und Kreditgeldzirkulation. Zur Diskussion um den Charakter des heutigen Geldes, 25. Lehrbrief für das Hochschulfernstudium, Berlin.

Holger Wendt (2021), Politische Ökonomie. Ein Einstieg für Neugierige, Essen.

Dieter Wolf (2009), Gesellschaftliche Praxis und das Problem der Geldware, in: Ansgar Knolle-Grothusen, Stephan Krüger, Dieter Wolf, Geldware, Geld und Währung. Grundlagen zur Lösung des Problems der Geldware, Hamburg.

Lucas Zeise (2011), Geld – der vertrackte Kern des Kapitalismus. Versuch über die politische Ökonomie des Finanzsektors, Köln.